Wem gehört der Sperrmüll am Straßenrand, ein Schneemann, ein Verlobungsring, gespendeter Samen oder das Internet? Alles hat scheinbar einen Eigentümer – aber oft trügt der Eindruck. Manches ist «gemeinfrei» und kann von jedem genutzt werden, und bei vielen anderen Sachen wissen wir gar nicht so genau, wer im juristischen Sinne der Eigentümer ist. In unterhaltsam zu lesenden, aber juristisch versierten kurzen Kapiteln führen die Autoren durch die bisweilen bizarre Welt der Eigentumsverhältnisse. Und wenn das Recht nicht mehr weiterhilft, bemühen sie den gesunden Menschenverstand. Denn auf die Frage, wem ein Kuss gehört, findet sich in juristischen Paragraphenwerken nicht so schnell eine Antwort.

Dr. Jochen Zenthöfer, Journalist und Rechtsassessor, ist Prokurist eines Software- und Medienunternehmens in Baden-Württemberg sowie Freier Mitarbeiter im Wirtschaftsteil der Frankfurter Allgemeinen Zeitung. Er war Redenschreiber für den nordrhein-westfälischen Ministerpräsidenten und hat verschiedentlich über rechtsphilosophische Themen publiziert.
Dr. Christian Rauda, Fachanwalt für Gewerblichen Rechtsschutz und Fachanwalt für Urheber- und Medienrecht, ist Partner der Medienrechtskanzlei GRAEF Rechtsanwälte (Hamburg/Berlin) sowie Justiziar des Deutschen Internetverbandes. Er ist Dozent an der Johannes Gutenberg-Universität Mainz, der Hamburg Media School und der Universität Hamburg. Gemeinsam haben sie mehrere Werke juristischer Studienliteratur verfasst, die im Handel erhältlich sind.

Jochen Zenthöfer • Christian Rauda

Wem gehört eigentlich

... der Kölner Dom?

66 juristische
Kuriositäten

Verlag C.H.Beck

Mit acht Illustrationen
von Reinhard Blumenschein

Originalausgabe

© Verlag C.H.Beck oHG, München 2010
Satz, Druck u. Bindung: Druckerei C.H.Beck, Nördlingen
Umschlagentwurf: malsyteufel, Willich
Umschlagabbildung: Souvenir, Kölner Dom © TV-yesterday/Interfoto
Printed in Germany
ISBN 978 3 406 60706 6

www.beck.de

Inhalt

Alles begann in Köln.

Wem gehört eigentlich

I. Flüchtige Güter

... Zigarettenrauch? 13
... Geld? 15
... Sperrmüll am Straßenrand? 17
... elektrische Energie auf dem Weg in ein Privathaus? 19
... der Nordpol? 21
... ein im Bus verlorener Geldbeutel? 23
... eine Rede? 25
... die Kopie eines ausgehändigten Haftbefehls? 27

II. Allzumenschliches

... ein Kuss zwischen zwei Verliebten? 31
... der Verlobungsring? 33
... der Spitzname eines Prominenten? 35
... das Tagebuch einer des Mordes verdächtigten Person? 37
... eine verstorbene Person? 39
... bei einem Ehepaar ohne Ehevertrag das mit in die Ehe gebrachte Auto? 41
... meine Telefonnummer? 43
... das Recht, ein Bundesliga-Fußballspiel im Internet zu übertragen? 45

III. Typisch deutsch!

… der Rhein in Deutschland? 49
… die deutsche Nationalhymne? 51
… der Reichstag in Berlin? 53
… Gesetzesnormen und deren Überschriften? 55
… die Bundesdruckerei? 57
… ein Flensburger Punkt? 59
… das ZDF? 61
… die Deutsche Bank? 63
… die Bezeichnung «Dresdner Christstollen»? 65

IV. Kindheitserinnerungen

… die Playmobil-Figur? 69
… Asterix? 71
… ein Schneemann? 73
… die Marke «Tempo»? 75
… der Eisbär Knut? 77
… Monopoly? 79
… das Lied «Happy Birthday»? 81
… der auf das Nachbargrundstück gefallene Apfel eines Apfelbaums? 83

V. Mutter Natur

… Landschaft? 87
… gespendeter Samen? 89
… ein entflogener Bienenschwarm? 91
… eine Waldfrucht im Bayerischen Wald? 93
… ein Mensch? 95
… der Uferweg am schönen Potsdamer Griebnitzsee? 97
… der Bodensee? 99
… das Grundwasser? 101
… das Erbgut des Panda? 103

VI. Hohe Kunst

... die Mona Lisa? **107**
... Beethovens Neunte? **109**
... der Kölner Dom? **111**
... die 1999 gefundene, fast 4000 Jahre alte Himmelsscheibe von Nebra? **113**
... Graffiti auf der Berliner Mauer? **115**
... das seit 1945 verschollene Bernsteinzimmer? **117**
... die Fußball-Bundesliga der Männer? **119**

VII. Momentaufnahmen

... das Internet? **123**
... die Filmaufnahme von der Ermordung John F. Kennedys? **125**
... das Konterfei von James Dean? **127**
... www.bundeskanzlerin.de? **129**
... der Kölner Dom in der Online-Welt «Second Life»? **131**
... Ebay? **133**
... Twitter? **135**
... der persönliche Nachlass von Adolf Hitler? **137**

VIII. Tagesgeschäft

... ein absenderloser nicht zustellbarer Brief? **141**
... eine orange Notrufsäule an der Autobahn oder einer Landstraße? **143**
... das Treppenhaus eines Hauses mit Eigentumswohnungen? **145**
... Lotto? **147**
... ein Anwaltsschriftsatz? **149**
... das Kennzeichen «Rotes Kreuz»? **151**
... eine Domain? **153**
... ein Werbespot? **155**
... die Frankfurter Allgemeine Zeitung? **157**

Anmerkungen: Juristische Erläuterungen **159**

Alles begann in Köln.

Die Idee zu diesem Buch entstand auf dem Außenfahrstuhl des Kölner Doms. Dieser Fahrstuhl gehört der Dombauhütte. Ihn benutzen in der Regel nur Bauarbeiter. Doch die Gruppe der luxemburgischen Architekten und Denkmalpfleger, die eines Tages zu Besuch war, durfte den sehr sicheren, für einen Laien freilich mehr als provisorisch wirkenden Lift ebenfalls betreten. Sie musste das sogar, um einige der vielfältigen historischen Einmaligkeiten auf der Außenseite des Doms bestaunen zu können.

Jochen Zenthöfer hatte wegen seiner Höhenangst wohlweislich nicht Architektur studiert – anders als die attraktive Dame an seiner Seite, bei der er nicht als Feigling dastehen wollte. So nahm die schwere Prüfung seinen Lauf. Gemeinsam ging es im engen Lift nach oben. Schnell hätte man über ganz Köln und noch weiter sehen können. Doch er schloss kreidebleich die Augen, atmete fest durch und dachte darüber nach – wohl typisch für einen Juristen – wem der Dom eigentlich gehört.

Und wem der Rhein gehört, den er von da oben hätte sehen können. Und die Internet-Domain, die er blinzelnd auf einem kleinen Messingschild im Liftinneren erkannte. Und der Zigarettenrauch der auf der höchsten Außenplattform wartenden Bauarbeiter. Fragen, auf die es auf den ersten Blick keine simple Antwort gab. In diesem Buch finden sich die Recherche-Ergebnisse dazu. Versteckte Gesetzesnormen, abseitige völkerrechtliche Abkommen, längst vergessene Rechtsprechung und nur noch in wenigen Bibliotheken erhältliche Bücher aus dem letzten Jahrhundert mussten dazu ausgegraben werden. Vieles, so haben wir festgestellt, gehört sogar niemandem! Haben wir alle Eigentümer aufgespürt? Falls nicht, sind wir dankbar für Hinweise an die Email-Adresse autoren@rauda-zenthoefer.de.

Natürlich mussten viele Sachverhalte für die vorliegende Darstellung vereinfacht werden. Über fast jedes der vorgestellten Themen könnte man eine oder mehrere Dissertationen verfassen. Deshalb mag manche Ungenauigkeit, die ein juristischer Feingeist bemerken würde, der Darstellungsform geschuldet sein: Dieses Buch richtet sich nun einmal nicht an Hochschulprofessoren, sondern an jedermann. Zum Beispiel an eine luxemburgische Architektin. Jochen Zenthöfer ist heute mit der genannten Dame verheiratet, und sie haben einen kleinen Sohn, dessen Patenonkel Christian Rauda ist.

Wozu Höhenangst also gut sein kann ... eine Ehe und ein Buch. Viel Spaß beim Lesen!

Freiburg und Hamburg, im Sommer 2010
Jochen Zenthöfer und *Christian Rauda*

I. Flüchtige Güter

Wem gehört eigentlich

... Zigarettenrauch?

A dem Raucher ☐

B dem Hersteller der Zigaretten ☐

C niemandem ☐

D dem Eigentümer des Raumes,
   in dem geraucht wird; bei Rauchen
   unter freiem Himmel niemandem ☐

Haben Sie Juristen oder Jurastudenten in Ihrem Bekanntenkreis und wollen Sie sie an den Rand der Verzweiflung bringen? Dann präsentieren Sie ihnen folgende Frage: Ein Sechzehnjähriger und ein Achtzehnjähriger rauchen in einer kleinen Abstellkammer heimlich je fünf Zigaretten, obwohl ihnen die Eltern das Rauchen verboten haben. Wem gehört der Zigarettenrauch?

Diese scheinbar einfache Fragestellung wird juristisch immer komplizierter, je länger man über sie nachdenkt. Dass man am Rauch überhaupt Eigentum haben kann, liegt daran, dass der Rauch in der Abstellkammer gefangen ist; unter freiem Himmel wäre er gar nicht beherrschbar, und damit würde er niemandem mehr gehören. Wem gehört nun aber der Rauch? Zunächst kann man davon ausgehen, dass die Zigaretten den beiden Jungs gehören. Deshalb gehört ihnen auch der Rauch. Gleichzeitig ist der

Rauch aber eine Art Abfall, dessen sich die Raucher entledigen wollen. Sie wollen ihr Eigentum am Rauch also aufgeben. Juristisch nennt man dies Dereliktion. Bei dem voll geschäftsfähigen Achtzehnjährigen ist das problemlos möglich, sein Rauch gehört dann niemandem mehr. Minderjährige hingegen werden von der Rechtsordnung besonders geschützt. Der Sechzehnjährige kann deshalb ohne Zustimmung seiner Eltern kein Eigentum aufgeben. Er behält das Eigentum an seinem Rauch.

Jetzt kommt der Clou: Da sich der Rauch der beiden Jungs vermischt und damit eine einzige Sache darstellt, kann man nach dem Bürgerlichen Gesetzbuch nur Eigentum an dem gesamten Rauch haben. Normalerweise werden die Personen anteilsmäßig Miteigentümer, die Teile zur neuen Sache beigesteuert haben. In unserem Fall hat sich der herrenlose Rauch – von dem Achtzehnjährigen als Eigentum aufgegeben – mit dem Rauch des Sechzehnjährigen vermischt. In diesem Fall gehört der gesamte Rauch dem Sechzehnjährigen. Man könnte jetzt einwenden, dass das Wissen um dieses Ergebnis praktisch nutzlos ist. Vergessen Sie aber nicht, dass Sie damit Ihre juristischen Freunde in den Wahnsinn treiben können. Immerhin …[1]

A	Richtig, aber nur, wenn in einem kleinen Raum geraucht wird, in dem der Rauch noch beherrschbar ist.
B	Falsch, da der Hersteller der Zigaretten mit deren Veräußerung (z. B. an einen Zwischenhändler) das Eigentum daran übertragen hat.
C	Richtig, aber nur wenn in einem nicht beherrschbaren Raum oder unter freiem Himmel geraucht wird.
D	Falsch, da der Eigentümer des Raumes kein Eigentum an den Sachen im Raum erwirbt.

Wem gehört eigentlich

... Geld?

A niemandem ☐

B der Europäischen Zentralbank ☐

C der Person, die es rechtmäßig erhalten hat ☐

D der Deutschen Bundesbank ☐

Sie taucht in Taschen alter Kleidungsstücke auf, hinter Sofas, in selten geöffneten Schubladen und in den Seitentaschen unserer Koffer: die gute alte D-Mark. Noch mehr als zehn Milliarden Geldscheine und Münzen der Deutschen Mark sind in Umlauf. Hin und wieder gibt es Sonderaktionen in Kaufhäusern, in deren Rahmen man das alte Geld noch ausgeben kann. Aber gehört es uns überhaupt noch? Und was gilt eigentlich beim Euro?

2002 sind die ersten Euro-Scheine und Münzen in Umlauf gekommen. Die Europäische Zentralbank hütet die gemeinsame europäische Währung. Ihre Hauptaufgabe ist es, die Kaufkraft des Euro und somit die Preisstabilität im Euroraum zu gewährleisten. Die Europäische Zentralbank stellt aber das Geld nicht selbst her, sondern beauftragt damit einzelne Unternehmen, beispielsweise die Bundesdruckerei (siehe auch «Wem gehört eigentlich ... die Bundesdruckerei»). Die Scheine und Münzen gehören zunächst der Druckerei. Dann finden sie über die Landes- und

Geschäftsbanken den Weg zu uns. Damit eine Bank Scheine und Münzen erhält, muss sie im Gegenzug eine Schuldverschreibung geben. Wenn das Geld dann über Bankschalter oder Automaten in Umlauf gebracht wird, erwirbt der Bankkunde das Eigentum an den Scheinen oder Münzen. Für Geldscheine oder Hartgeld gilt also nichts anderes wie für andere Sachen auch. Anders ist das bei dem Geld auf dem Konto. Hier haben wir gar kein Eigentum an bestimmten Münzen oder Scheinen, sondern lediglich das Recht, von der Bank die Auszahlung eines bestimmten Betrages zu verlangen. Erst mit Auszahlung erwerben wir das Eigentum an den spezifischen Scheinen.

Weil uns das Geld gehört und nicht dem Staat, ist es in Deutschland auch erlaubt, Geld zu zerstören, das einem selbst gehört. Man darf auch nach Belieben auf Geldscheine schreiben oder lustige Gesichter darauf malen. Wenn dem Staat das Geld gehören würde, wäre das umfangreiche Bemalen von Geld eine Sachbeschädigung. In anderen Staaten ist das Verändern von Banknoten strafbar, etwa in den USA. Bei uns aber gilt: Ob Euro oder Deutsche Mark – die Münzen und Scheine in der Hand des Bürgers gehören nicht dem Staat, sondern dem Bürger selbst.[2]

A	Falsch.
B	Falsch, die Europäische Zentralbank stellt zwar Scheine und Münzen her, das Eigentum an diesen Geldscheinen wird aber über die Banken an deren Kunden übertragen.
C	Richtig. Ein Dieb erlangt allerdings kein Eigentum an gestohlenen Geldscheinen. Erst wenn er das Geld ausgibt und der Empfänger nicht weiß, dass es sich um Diebesgut handelt, erwirbt der gutgläubige Empfänger Eigentum an den Geldscheinen.
D	Falsch.

Wem gehört eigentlich

... Sperrmüll am Straßenrand?

A niemandem ☐

B dem Entsorgungsunternehmen, das den Sperrmüll abholt ☐

C dem, der den Müll dahin gestellt hat, bis er abgeholt wird ☐

D der Stadt oder der Gemeinde, zu der die Straße gehört ☐

Dieser Fall sorgte im Jahr 2009 für Aufsehen: In einem Altpapiercontainer, der auf dem Grundstück eines Entsorgungsunternehmens abgeladen war, damit das Papier recycelt werden konnte, entdeckte ein Angestellter ein in einem Karton befindliches Kinderbett und nahm es mit nach Hause. Das Entsorgungsunternehmen kündigte daraufhin seinem Mitarbeiter – einem Vater zweier kleiner Kinder. Nach Ansicht des Arbeitgebers war sein Verhalten ein Diebstahl. Juristisch korrekt! Denn das Kinderbettchen gehörte dem Unternehmen und nicht, wie man glauben könnte, niemandem.

Was gilt aber, wenn jemand Sperrmüll vor seinem Haus auf die Straße stellt? Ist dieser Sperrmüll Allgemeingut, bis er von einem Müllwagen abgeholt wird? Nein, urteilen die Gerichte. Das Landgericht Ravensburg entschied schon vor einigen Jahren: «Stellt ein Künstler selbstgemalte Bilder zum Sperrmüll, so liegt darin wegen der persönlichen Beziehung zu den Gegenständen keine Eigentumsaufgabe, sondern nur eine auf eine Eigentumsübertragung an den Träger der Müllabfuhr zur Vernichtung der Bilder gerichtete Erklärung.» Kommt es also auf eine «persönliche Beziehung» zu dem Müll an? Ein selbstgemaltes Bild gehört dazu, ein alter Sessel nicht? So genau haben das die Gerichte nicht entschieden. Im Zweifel ist davon auszugehen, dass die Müllabfuhr Eigentümer wird.

Die Kündigung des Familienvaters hatte vor Gericht übrigens keinen Bestand. Der Arbeitgeber machte zwar geltend, dass er die «Betriebsdisziplin» erhalten wolle. Die Kündigung sollte eine abschreckende Wirkung bei anderen Mitarbeitern erzeugen. Müllmänner, die im Müll wühlen und dann passende Dinge privat beiseite schaffen: das macht keinen guten Eindruck. Der Mitarbeiter war auch bereits einmal abgemahnt worden. Zu einem früheren Zeitpunkt hatte er Toilettenpapier eingepackt, das als Altpapier Wiederverwertung finden sollte. Dennoch sei eine Kündigung wegen eines Kinderbettchens «nicht verhältnismäßig», befand das Arbeitsgericht Mannheim. Es stellte die Unwirksamkeit der Kündigung fest.[3]

A	Richtig, wenn keine «persönliche Beziehung» zu dem Müll vorliegt.
B	Richtig, wenn eine «persönliche Beziehung» zu dem Müll vorliegt.
C	Falsch. Aber: Es gibt eine weitergehende Verantwortlichkeit für den Müll, wenn er zum Beispiel Gesundheit oder Umwelt gefährdet.
D	Falsch.

Wem gehört eigentlich

... elektrische Energie auf dem Weg in ein Privathaus?

A dem Energieversorgungsunternehmen ☐

B der Gemeinde, in der sich der Haushalt befindet ☐

C demjenigen, der abzapft ☐

D niemandem, denn die Energie verbraucht sich ja sofort und ist damit nicht mehr vorhanden ☐

Energie ist keine körperliche Sache. Man sieht sie nicht. Man hört sie nicht. Man riecht sie nicht. Deshalb bekommt es auch keiner so richtig mit, wenn Energie verbraucht oder gestohlen wird. Der Verbrauch wird mit Stromzählern gemessen, die in jedem Haushalt vorhanden sind. Wer sich illegal ans Netz hängt und Energie abzapft, hat keinen schriftlichen Vertrag mit einem Versorgungsunternehmen geschlossen. Darauf kommt es jedoch nicht an. Wer sich bedient, muss zahlen. Das ist einfach und logisch; trotzdem haben die Juristen viele Jahre gebraucht, dieses Ergebnis einwandfrei zu begründen. Sie sprachen vom «faktischen Vertrag», später von «konkludentem Handeln», dann von einer «unbeachtlichen Verwahrung bei Annahme eines Realangebotes». Wie auch immer, es steht fest: Eigentum an Energie ist möglich. Eigentümer ist das Energieversorgungsunternehmen.

Es überträgt dieses Eigentum an die Haushalte zum Zeitpunkt der Lieferung. Nur dann, wenn dem ein Vertrag zugrunde liegt? Ja. Aber: Derjenige, der keinen Vertrag unterschrieben hat, weil er «schwarz» abzapfen will, schließt just im Moment des Abzapfens auch ohne Papiere und Unterschrift einen Vertrag mit dem Energieversorgungsunternehmen. Zu welchem Strompreis? Hier sagen die Gerichte: zum üblichen Preis. Billiger kommt also nicht weg, wer «schwarz» zapft. Eher teurer, denn es droht noch ein Strafverfahren – nicht wegen Diebstahls, sondern wegen des Entzugs elektrischer Energie. Denn ein Dieb kann man nach dem Strafgesetzbuch nur sein, wenn man eine Sache stiehlt. Sachen aber sieht, hört oder riecht man ...[4]

A	Richtig.
B	Falsch. Die Gemeinde hat meistens damit nichts zu tun. Gemeinden können Miteigentümer von Versorgungsunternehmen sein, sie werden dann aber nicht auch Eigentümer der Energie. Etwas anderes gilt etwa, wenn die Gemeinden in Form einer nicht-rechtsfähigen Anstalt selbst als Energieversorger auftreten.
C	Falsch. Wer abzapft, schließt zwar einen Vertrag, der die Grundlage dafür ist, dass man Eigentum erwerben kann. Dass man das Eigentum an der Energie dann aber auch erwirbt, verlangt eine neue Zustimmung des Versorgungsunternehmens. Diese liegt nicht vor.
D	Falsch. Es geht ja um den Zeitpunkt des Abzapfens. Bevor die Energie verbraucht ist, gehört sie jemandem. Zumindest eine logische Sekunde lang.

Wem gehört eigentlich

... der Nordpol?

A den USA ☐

B Dänemark ☐

C niemandem ☐

D Russland ☐

Schon immer übt der Nordpol als nördlichster Punkt der Erde eine besondere Faszination aus. Wenn man genau am Nordpol steht, gibt es nur eine einzige Himmelrichtung, in die man schauen kann, egal, wohin man den Blick wendet: nach Süden. Wer als erster Mensch den Nordpol erreichte, wird sich wohl nie genau klären lassen. Robert Peary, ein Admiral der US-Marine, und sein Assistent Matthew Henson behaupteten, dass sie am 6. April 1909 den Nordpol erreicht hätten. Als Peary von seiner Expedition zurückkehrte, musste er zu seinem Ärgernis feststellen, dass ein anderer Forscher der Ansicht war, vor ihm am Nordpol gewesen zu sein: Frederick Cook nahm für sich in Anspruch, den Nordpol schon im Jahr 1908 erreicht zu haben. Der Konflikt endete in einer Schlammschlacht, da jeder der beiden Kontrahenten den anderen unglaubwürdig erscheinen lassen wollte. Letztlich ging Peary als Sieger daraus hervor.

Die Schlacht geht heute weiter, obwohl die Streitenden und die Gründe gewechselt haben. Es geht nicht mehr um Ruhm und

Ehre, sondern um die Rohstoffe der Arktis. Daher streiten sich schon seit vielen Jahren verschiedene Staaten über die Frage, wem der Nordpol eigentlich gehört. Russland, Norwegen, Dänemark, die USA und Kanada erheben Gebietsansprüche, da ihre Staaten rund um den Nordpol liegen. Die Antwort findet man in der Seerechtskonvention der Vereinten Nationen von 1994. In dieser Konvention ist festgelegt, dass Küstenstaaten bis zu einem Abstand von 200 Seemeilen vor ihrer Küste die natürlichen Ressourcen wie Fische und Bodenschätze, unter anderem Erdöl und Erdgas, ausschließlich nutzen dürfen. Umstritten ist aber, von welcher Stelle an die 200 Seemeilen gemessen werden.

Die Staaten argumentieren nämlich, dass ein Teil ihres Staatsgebietes einen Festlandsockel umfasst, der unter Wasser liegt und damit in die Tiefsee hineinreicht. Erst ab dem Ende dieses Sockels müssten die 200 Seemeilen abgemessen werden. Damit würden die Ansprüche deutlich weiter reichen. Zur Bestimmung der Festlandsockel wurde eine Festlandsockelgrenzkommission mit Sitz in New York einberufen. Dort können Staaten ihre extralangen Festlandsockel anmelden, und die Kommission prüft dann, ob das den Tatsachen entspricht. Es muss ein strenger wissenschaftlicher Nachweis geführt werden, dass der äußere Festlandsockel die Fortsetzung des Festlandes unter der Wasseroberfläche ist. Da die Staaten nur zehn Jahre Zeit haben, die Außengrenze ihrer Festlandsockel zu beantragen, läuft nun ein Wettrennen unter ihnen. Falls es zu abweichenden Auffassungen kommt, kann der Internationale Seegerichtshof in Hamburg angerufen werden. Da der exakte Punkt des Nordpols in einem Tiefseebecken liegt, das von Festlandsockeln weit entfernt ist, gehört der geografische Nordpol niemandem.[5]

A	Falsch. Obwohl die Entdecker amerikanische Flaggen am Pol gehisst haben, hat dies keine völkerrechtliche Wirkung.
B	Falsch.
C	Richtig.
D	Falsch. 2007 haben Russen mit Hilfe eines U-Boots auf dem Nordpol in 4261 Metern Tiefe eine russische Flagge aus Titan in den Meeresgrund gerammt. Diese Aktion hat zwar eine symbolische Wirkung, aber keine völkerrechtliche.

Wem gehört eigentlich

... ein im Bus verlorener Geldbeutel?

A dem Verkehrsunternehmen ☐

B dem Finder ☐

C dem Verlierenden ☐

D niemandem ☐

Jährlich werden allein in Berliner Verkehrsmitteln 35 000 Gegenstände vergessen. Geldbörsen und Schlüssel werden am häufigsten zurückgelassen, aber es gibt auch ungewöhnlichere Funde wie Zahnprothesen oder Särge. Oft kann sich der Eigentümer gar nicht mehr erinnern, wo er sein Hab und Gut zuletzt gesehen hat. Die meisten Fundobjekte werden nicht abgegeben, nur ein Teil landet beim Fundbüro. Dabei hat der Finder die Pflicht, seinen Fund zu melden. Kennt er den Eigentümer nicht, muss er dem Fundbüro den Fund anzeigen. Anders ist das nur, wenn die Sache weniger als 10 Euro wert ist. Seit die Fundbüros das Internet nutzen, um verlorene Gegenstände wieder dem ursprünglichen Eigentümer zurückzugeben, hat sich die Rückgabequote stark erhöht.

Wer eine Sache verliert, verliert damit nicht auch das Eigentum daran. Eine im Fundbüro abgegebene Sache gehört daher immer noch dem ursprünglichen Eigentümer und nicht etwa dem Finder. Holt der Eigentümer den verlorenen Gegenstand ab, steht dem Finder ein Finderlohn zu. Die Höhe des Finderlohns beträgt 5 %, bei einem Wert des Fundes über 500 Euro liegt er bei 3 %. Was passiert aber, wenn der Eigentümer seine Sache nicht mehr abholt? In diesem Fall wird der Finder nach sechs Monaten rechtmäßiger Eigentümer und löst den alten Eigentümer ab. Oft hat der Finder gar kein Interesse an der Sache. Dann wird die Gemeinde des Fundortes Eigentümer. Regelmäßig finden dann öffentliche Versteigerungen statt. Durch die Versteigerung erwirbt der Meistbietende das Eigentum an der Sache.

Bei Fundsachen in öffentlichen Verkehrsmitteln oder öffentlichen Gebäuden gelten allerdings besondere Regeln. Wer Bediensteter der Verkehrsbetriebe oder des öffentlichen Gebäudes ist, kann keinen Finderlohn verlangen. Alle anderen erhalten die Hälfte des üblichen Finderlohns, wenn die Fundsache mehr als 50 Euro wert ist. Eigentümer kann der Finder nicht werden. Auch wenn der finanzielle Anreiz dadurch geringer wird, eine im Bus gefundene Sache beim Fundbüro abzugeben: Wer selbst einmal eine verlorene Geldbörse beim Fundbüro wiederbekommen hat, weiß, welche Dankbarkeit er gegenüber dem ehrlichen Finder empfindet.[6]

A	Falsch. Das Verkehrsunternehmen kann kein Eigentum erlangen. Die Sache wird nach einer angemessenen Frist versteigert, wenn sie nicht vom Eigentümer abgeholt wird. Der Versteigerungserlös kommt den Verkehrsbetrieben zugute. Wer ersteigert, wird Eigentümer.
B	Falsch, aber: Der Finder erhält das Eigentum auf eigenen Wunsch, wenn der ursprüngliche Eigentümer die verlorene Sache nicht beim Fundbüro abholt.
C	Richtig. Der Verlierende bleibt zunächst Eigentümer, und zwar so lange, bis der Finder Eigentümer wurde oder die Sache versteigert wurde.
D	Falsch. Wer eine Sache verliert, verliert damit nicht sein Eigentum daran.

Wem gehört eigentlich

... eine Rede?

A niemandem ☐

B dem Redner ☐

C allen Zuhörern ☐

D demjenigen, der die Rede entworfen hat ☐

Das gesprochene Wort ist wie ein flüchtiges Pferd. Vor Gericht wird oft endlos darüber gestritten, wer was zu wem gesagt oder nicht gesagt hat. Meist ist das schwer zu rekonstruieren: die Erinnerung ist getrübt. Wie viel einfacher wäre es, wenn man immer alles auf Tonband aufgenommen hätte. Aber darf man das so einfach? Nein, zumindest nicht, wenn man es heimlich macht. Das Aufnehmen auf Tonband oder einen anderen Tonträger ist nicht nur verboten, sondern sogar strafbar. Schüler dürfen beispielsweise ihre Lehrer nicht ungefragt aufnehmen. Nichts alles, was Spaß macht, ist auch erlaubt. Geschützt ist die Vertraulichkeit des Wortes. Ob unsere geäußerten Gedanken für die Ewigkeit bestimmt sein sollen, müssen wir selbst entscheiden dürfen. Unsere Worte gehören uns selbst. Aber keine Sorge, strafbar ist nur das Mitschneiden des nichtöffentlich gesprochenen Wortes.

Wer etwa eine Rede von Bundeskanzlerin Angela Merkel aufnimmt, muss sich nicht mit dem Strafgesetzbuch auseinandersetzen. Ärger kann da aber von einer anderen Seite drohen, und zwar wegen des Urheberrechts. Öffentliche Reden sind nämlich urheberrechtlich geschützt, wenn sie einen gewissen schöpferischen Gehalt aufweisen. Diesen mag man persönlich aufgrund der eigenen politischen Einstellung je nach Redner unterschiedlich beurteilen, rechtlich wird aber wohl jede Rede vom Schutz umfasst sein, die über Floskeln hinausgeht wie: «Ich freue mich, dass Sie so zahlreich erschienen sind, und wünsche dem Kaninchenzüchterverein alles Gute für die nächsten 100 Jahre.» Angela Merkels Rede dürfen wir daher nur zum persönlichen Gebrauch aufnehmen, ein Verkauf einer CD oder eines Buches «Die zehn besten Reden von Angela Merkel» wäre dagegen nicht gestattet. Angela Merkel darf selbst entscheiden, wer mit ihren Reden Geld verdient. Zitate sind aber möglich.[7]

A	Falsch. Eine Rede ist urheberrechtlich geschützt.
B	Nicht notwendigerweise. Sie gehört nur dann dem Redner, wenn der Redner die Rede nicht nur gehalten, sondern auch selbst entworfen hat. Wer eine Rede abliest, die ein anderer für ihn geschrieben hat, erwirbt durch den bloßen Vortrag keine Urheberrechte.
C	Falsch. Sie kann allerdings von den Zuhörern zum persönlichen Gebrauch genutzt werden. Auch die Presse darf zur Berichterstattung über Tagesereignisse die Rede so weit abdrucken, wie es für die Berichterstattung nötig ist.
D	Richtig. Als Urheber kann der Ersteller der Rede entscheiden, wem er Nutzungsrechte an seiner Rede einräumt.

Wem gehört eigentlich

... die Kopie eines ausgehändigten Haftbefehls?

A der Person, die eine andere verhaftet ☐

B der Person, die verhaftet wird ☐

C niemandem ☐

D der Staatsanwaltschaft ☐

Man konnte ihn im Fernsehen bei den aktuellen Festnahmen von Steuersündern sehen: den Haftbefehl, genauer, die Kopie davon, die der Beschuldigte bei seiner Verhaftung überreicht bekommt. Die häufigste Art des Haftbefehls ist der Untersuchungshaftbefehl. In diesem Haftbefehl muss ein Haftgrund vermerkt sein. Haftgründe können Flucht, Fluchtgefahr, Verdunkelungsgefahr oder Wiederholungsgefahr sein.

Der schriftliche Haftbefehl, der auf Antrag der Staatsanwaltschaft ergeht, muss den Namen des Beschuldigten, die Straftat, deren er dringend verdächtigt wird, den Haftgrund und, wenn es naheliegt – auf jeden Fall aber bei jugendlichen und heranwachsenden Straftätern – Ausführungen zur Verhältnismäßigkeit der Untersuchungshaft enthalten.

Ein bereits erlassener Haftbefehl ist dem Beschuldigten bei der Verhaftung auszuhändigen. So sieht es die Strafprozessordnung seit dem 1. Januar 2010 vor. Die Aushändigung erfolgt durch Übergabe einer Abschrift (Kopie) des Haftbefehls, die in diesem Moment in das Eigentum des Beschuldigten übergeht.

Übrigens: In Fernsehkrimis sehen wir oft Polizisten, die zufällig einen bisher unbescholtenen Täter bei einer Straftat beobachten und dann sagen, er sei «verhaftet». Genaugenommen ist das falsch. Der Polizist wird den Täter «festnehmen», nicht verhaften. Denn die Verhaftung ist Freiheitsentziehung aufgrund eines bereits bestehenden – durch einen Richter erlassenen – Haftbefehls. War der Täter bisher unbescholten, liegt gegen ihn kein Haftbefehl vor. Dann nimmt die Polizei die Person fest, verhaftet sie aber nicht.[8]

A	Falsch. Nur, solange der ergangene Haftbefehl noch nicht ausgehändigt ist, gehört er dem Staat (aber nicht dem ausführenden Beamten).
B	Richtig. Mit Aushändigung des Haftbefehls an den zu Verhaftenden geht das Eigentum daran über. Nimmt der Verhaftete das Dokument nicht an, bleibt der Staat Eigentümer des Papiers.
C	Falsch.
D	Falsch.

II. Allzumenschliches

Wem gehört eigentlich

... ein Kuss zwischen zwei Verliebten?

A dem, der zuerst mit
    dem Küssen begonnen hat ☐

B beiden Beteiligten ☐

C dem Fernsehen ☐

D niemandem, außer dem Schicksal ☐

«Ein Kuss ist ein reizender Trick der Natur, den Redefluss zu beenden, wenn Worte überflüssig werden», sagte einmal die schwedische Schauspielerin Ingrid Bergman. Genauso wollen wir es hier auch halten. Obwohl ein Kuss formaljuristisch natürlich niemandem zugeordnet werden kann, so hat er doch eine ganz andere Wirkung: Ein Kuss zwischen Liebenden gehört den beiden, und, wenn sie ihn öffentlich austauschen – zum Beispiel während einer Trauungszeremonie –, auch den zuschauenden Gästen. Denn dann ist der Kuss die öffentliche und gestische Beurkundung dessen, was zuvor mündlich ausgesprochen wurde: Ja, ich will. Weitere Worte sind überflüssig.

A	Falsch, das wäre willkürlich.
B	Richtig.
C	Falsch.
D	Falsch. Schicksal ist eine höhere Macht. Der Kuss gehört gerade nicht dieser Macht, egal ob es sie gibt und wer sie ist.

Wem gehört eigentlich

... der Verlobungsring?

A   dem Verlobten   ❏

B   der Verlobten   ❏

C   niemandem   ❏

D   den Eltern der Verlobten   ❏

Ex-Tennisstar Boris Becker und Sandy Meyer-Wölden hatten sich überraschend verlobt und der Boulevardpresse Stoff für unzählige Geschichten geliefert. Der Verlobungsring war ein richtiges Prunkstück: mit zwei großen Diamanten von jeweils 2,5 Karat, dazu Brillanten und Smaragden. Experten schätzen seinen Wert auf 150 000 Euro. Doch das Glück hielt nur für kurze Zeit. Und als die Verlobung wieder gelöst wurde, was geschah da mit dem Schmuckstück? Zu dieser Frage gibt das Bürgerliche Gesetzbuch eine Antwort: «Unterbleibt die Eheschließung, so kann jeder Verlobte von dem anderen die Herausgabe desjenigen, was er ihm geschenkt oder zum Zeichen des Verlöbnisses gegeben hat, fordern». Nicht nur die Ringe, sondern auch alle anderen Verlobungsgeschenke können also zurückverlangt werden. Das gilt nur nicht, wenn ein Partner stirbt und es deswegen nicht zur Heirat kommt. Der Ring bleibt allerdings auch nach der Auflösung der Verlobung so lange im Eigentum der Frau, bis er dem

Mann wiedergegeben wurde. Ein Eigentumswechsel tritt also nicht automatisch ein, im Zweifel muss er vor Gericht eingeklagt werden. Ob Sandy Meyer-Wölden den Ring wohl zurückgeben musste?[9]

A	Richtig. Dem Verlobten gehört der Ring bis zu dem Zeitpunkt, in dem er den Heiratsantrag macht und den Ring übergibt.
B	Richtig, solange die Verlobung nicht gelöst und der Ring nicht zurückgegeben wurde.
C	Falsch.
D	Falsch.

Wem gehört eigentlich

... der Spitzname eines Prominenten?

A dem Namensträger ▢

B niemandem ▢

C demjenigen, der den Namen erfunden hat ▢

D den Eltern des Namensträgers ▢

«Bobbele», «der Kaiser», «Ulle», «Quick Nick» ... – Prominente sind häufig nicht nur unter ihrem bürgerlichen Namen bekannt, sondern unter einem Spitznamen. Können Unternehmen ohne Einwilligung des Betroffenen mit den Spitznamen von Promis werben und sich dann herausreden, dass das Namensrecht nicht verletzt wurde? «Bobbele» wird sofort als Boris Becker, «der Kaiser» als Franz Beckenbauer, «Ulle» als Jan Ulrich und «Quick Nick» als Nick Heidfeld identifiziert. Das Namensrecht umfasst daher sinnvollerweise auch den Spitznamen. Allerdings nur, wenn der Bezeichnete diesen Namen selbst verwendet. Es reicht, wenn er den Begriff selbst aufgreift. Damit darf der Promi Unternehmen daran hindern, seinen Namen zur Kennzeichnung einer Ware oder Dienstleistung zu verwenden. Dem Namensträger allein ist es vorbehalten, darüber zu befinden, ob und unter welchen Voraussetzungen sein Name in der Öffentlichkeit in Erscheinung tritt.

Damit würde es nicht in Einklang stehen, wenn der Berechtigte es dulden müsste, dass sein Name, den er im Geschäftsverkehr selbst werbend benutzt, ungefragt oder sogar gegen seinen Willen für fremde Werbung Verwendung findet. Im Wesen des Namensrechts als eines Persönlichkeitsrechts liegt es, den Inhaber selbst entscheiden zu lassen, ob und unter welchen Voraussetzungen sein Name für Werbezwecke anderer zur Verfügung steht.[10]

A	Richtig.
B	Falsch.
C	Falsch.
D	Falsch, die Eltern haben damit gar nichts zu tun.

Wem gehört eigentlich

... das Tagebuch einer des Mordes verdächtigten Person?

A   der Polizei ☐

B   der des Mordes verdächtigten Person ☐

C   niemandem ☐

D   der Staatsanwaltschaft ☐

Oft stellt sich die Frage, ob Tagebücher eines Beschuldigten als Beweis verwertet werden dürfen. Beispiel: Der wegen Mordes an einer Frau angeklagte Herr M hatte vor der Tat ein Tagebuch geführt, in dem er über seine Beziehungsprobleme zu Frauen und seinen Hang zu Gewalttaten reflektierte. Kann dieses Tagebuch gegen den Willen des Herrn M im Prozess verwertet werden?

Zu entscheiden ist, ob das Tagebuch zum unantastbaren Kernbereich des allgemeinen Persönlichkeitsrechts gehört oder einem Bereich des privaten Lebens zuzuordnen ist, bei dem ein staatlicher Eingriff unter bestimmten Voraussetzungen zulässig ist.

Die Verwertung von Tagebuchaufzeichnungen ist nach Ansicht des Bundesverfassungsgerichts nicht generell ausgeschlossen, sie beurteilt sich am Maßstab der «Verhältnismäßigkeit». Verhältnismäßig ist eine Verwertung, wenn sie geeignet, erforderlich und angemessen ist. Folglich muss den Aufzeichnungen zum einen Bedeutung für die Wahrheitsfindung zukommen (Geeignetheit). Weiterhin darf kein milderes Mittel zur Wahrheitsermittlung zur Verfügung stehen (Erforderlichkeit). Zuletzt kann das Interesse an einer wirksamen Strafverfolgung nur bei Verfolgung schwerer Kriminalität gegenüber der Beeinträchtigung des Persönlichkeitsrechts überwiegen (Angemessenheit).

Das Tagebuch gehört also seinem Schreiber, es darf aber unter Umständen beschlagnahmt und im Prozess verwendet werden.

A	Falsch, der Polizei gehören keine Dinge aus der Sphäre eines Festgenommenen oder sich sonst in Gewahrsam Befindlichen.
B	Richtig.
C	Falsch.
D	Falsch, sie hat aber möglicherweise ein Beschlagnahmerecht.

Wem gehört eigentlich

... eine verstorbene Person?

A den Erben ☐

B es kommt darauf an, wie lange ein verstorbener Mensch schon tot ist ☐

C niemandem ☐

D dem Staat ☐

Bereits im ersten Semester lernen Jurastudenten, wem eine Leiche gehört und ob man durch die Wegnahme einer Leiche zum Dieb werden kann. Oft wird dieses Beispiel bemüht, um zu erläutern, wie praxisfern die juristische Ausbildung ist. Denn nach erfolgreichem Abschluss weiß der Student zwar, ob man eine Leiche stehlen kann, hat aber regelmäßig keine Ahnung von wirtschaftlich wichtigen Fragen, etwa den Voraussetzungen einer Unternehmensgründung. Da muss sich die Universität schon fragen lassen: Wie viele Leichen werden jährlich gestohlen und wie viele Unternehmen gegründet?

Gleichwohl: Ganz so fernliegend ist die Frage nach dem Eigentum am menschlichen Körper dann doch nicht. Denn sie entscheidet beispielsweise, ob wir unsere eigenen Organe spenden dürfen oder wem die Gletschermumie «Ötzi» aus der Jungsteinzeit gehört. Die Leibeigenschaft und die Sklaverei sind abgeschafft. Der Körper eines lebenden Menschen ist keine Sache und steht daher auch in niemandes Eigentum. Anders ist das bei Körperteilen, die vom Körper getrennt sind. Sie sind Sachen, wenn sie endgültig abgetrennt und nicht als Eigenspende (z. B. Eigenblutspende vor einer Operation) verwendet werden. Abgeschnittene Haare, gezogene Zähne oder Organe zur Fremdspende sind also Sachen, an denen Eigentum erworben werden kann. Sie gehören der Person, von der sie stammen.

Man könnte daher denken, dass ein zur Bestattung vorgesehener Leichnam auch eine Sache ist, deren Eigentum an die Erben übergeht. Um dieses etwas pietätlose und unerwünschte Ergebnis zu vermeiden, geht man davon aus, dass das Persönlichkeitsrecht des Verstorbenen auch nach dem Tode noch fortwirkt. Es wird aber immer schwächer, bis es vollkommen verblasst. Erst wenn es mit der Zeit erloschen ist, kann man Eigentum an dem Leichnam erlangen. Man kann also an zu Lehrzwecken präparierten Skeletten, an Mumien, an Moorleichen aus der Eisenzeit, und nicht zuletzt auch an «Ötzi» Eigentum begründen und es übertragen. Das Gleiche gilt für die plastinierten Leichname, die im Rahmen der Ausstellung «Körperwelten» gezeigt werden.

A	Falsch.
B	Richtig. Ein kürzlich Verstorbener gehört niemandem, da eine Leiche keine Sache ist. Sind die Persönlichkeitsrechte verblasst, kann Eigentum erworben werden.
C	Nicht ganz richtig, da an Moorleichen oder «Ötzi» Eigentum begründet werden kann.
D	Falsch.

Wem gehört eigentlich

... bei einem Ehepaar ohne Ehevertrag das mit in die Ehe gebrachte Auto?

A niemandem ☐

B der Frau ☐

C beide Ehepartner werden mit Eheschließung zu 50% Eigentümer ☐

D dem, der das Auto mit in die Ehe gebracht hat ☐

Ehen ohne individuell ausgehandelten Ehevertrag werden rechtlich gesehen als sogenannte Zugewinngemeinschaften bezeichnet. Bei der Zugewinngemeinschaft werden das Vermögen des Mannes und das Vermögen der Frau *nicht* gemeinschaftliches Vermögen der Ehegatten. Für Juristen ist das ein Fall von «Gütertrennung». Jeder Ehegatte behält das Vermögen, das er bei Eingehung der Ehe hat und während der Ehe erwirbt (eine Sonderregelung gilt für Hausrat). Jeder Ehegatte verwaltet sein Vermögen selbständig. Das bedeutet, dass jeder Ehegatte grundsätzlich über sein Vermögen frei verfügen darf und dem anderen Ehegatten keine Rechenschaft schuldig ist.

Kommt es zu einer Scheidung, endet die Zugewinngemeinschaft. Dann wird der Vermögenszuwachs eines Ehegatten bei dem anderen Ehegatten, der einen solchen Zuwachs nicht hatte, wieder ausgeglichen. Das nutzt insbesondere dem Ehegatten, der während der Ehe den Haushalt geführt hat und deshalb keinem Erwerb nachgehen konnte. Die Ehe an sich ändert also nichts an den Eigentumsverhältnissen. Wer ein Auto mit in die Ehe bringt, bleibt auch weiterhin dessen Eigentümer.[11]

A	Falsch.
B	Falsch.
C	Diese Antwort ist eine weit verbreitete Meinung in der Bevölkerung, sie ist aber falsch.
D	Richtig.

Wem gehört eigentlich

... meine Telefonnummer?

A mir ☐

B der jeweiligen Telefongesellschaft, z. B. der Deutschen Telekom AG ☐

C niemandem ☐

D der Bundesrepublik Deutschland ☐

Die deutschen Telefonnummern werden von der Bundesnetzagentur verwaltet. Diese Behörde hat einen Nummerierungsplan aufgestellt, an den sich die Telefongesellschaften halten müssen. Die Netzbetreiber erwerben Nummernblöcke, diese teilen sie selbst den Teilnehmern zu oder verkaufen sie an Subunternehmer. Der Teilnehmer erhält die Nummer von seiner Telefongesellschaft. Erst seit 1998 kann man seine Rufnummer mitnehmen, wenn man innerhalb derselben Ortsnetzkennzahl umzieht (5200 Vorwahlen gibt es in Deutschland). Wer besonders vergesslich ist, kann sich auch eine so genannte Vanity-Rufnummer zulegen, die man sich besser merken kann als eine herkömmliche Rufnummer. Die Telefonnummer ist der eigene Name, z. B. 0800–BECKENBAUER. Jedem Buchstaben ist eine Zahl zugeordnet. Die den Buchstaben entsprechenden Zahlen sind auf den Tastaturen der Telefone abgedruckt. Da mehrere Buchstaben auf eine Zahl kommen, hat es in der Vergangenheit schon rechtliche Konflikte gegeben. Beispielsweise sind die Nummern 0800-EHRMANN und 0800-EISMANN identisch (nämlich beide 0800-3476 266).

Doch zurück zu den normalen Nummern: Damit der Wettbewerb zwischen den Telefongesellschaften nicht beeinträchtigt wird, hat man zwar die Option, seine alte Nummer auch dann mitzunehmen, wenn man den Anbieter wechselt. Das heißt aber noch lange nicht, dass einem die Telefonnummer auch gehört. Auch die Telefongesellschaften erhalten nicht das umfassende Nutzungsrecht an der Nummer, sondern lediglich das Recht, die Nummer an Verbraucher zu vergeben und entsprechend den Anschluss freizuschalten. Die übrigen Rechte an der Nummer verbleiben bei der Bundesnetzagentur. Da die Bundesnetzagentur eine Bundesoberbehörde im Geschäftsbereich des Bundesministeriums für Wirtschaft und Technologie mit Sitz in Bonn ist, stehen die Rechte letztlich der Bundesrepublik Deutschland zu.[12]

A	Falsch.
B	Falsch, die Gesellschaften haben nur das Recht der Weitervergabe der Nummern.
C	Falsch.
D	Richtig.

Wem gehört eigentlich

... das Recht, ein Bundesliga-Fußballspiel im Internet zu übertragen?

A dem Sportveranstalter ▢

B den Spielern auf dem Platz (gemeinsam) ▢

C dem Eigentümer des Stadions ▢

D niemandem ▢

Ein Sportereignis wie ein Fußballspiel stellt als solches noch keinen wirtschaftlichen Wert dar. Ein Wert besteht aber in der Möglichkeit, Tickets zu verkaufen oder die Wahrnehmung des Spiels in Bild und Ton zu verwerten. Die Pflicht, Fußballspiele unentgeltlich übertragen lassen zu müssen, besteht nicht. Das wird insbesondere bei der Fernseh- oder Internetübertragung deutlich, die es dem Zuschauer ermöglicht, das Fußballspiel optisch und akustisch mitzuerleben, ohne im Stadion anwesend zu sein. So sieht es das Oberlandesgericht Stuttgart in einer Entscheidung zur Webseite «Hartplatzhelden.de» aus dem Jahre 2009.

Begründet wird das Recht der Veranstalter in früheren Gerichtsentscheidungen mit deren Hausrecht. Damit kann der Veranstalter jeden, der das Spiel aufzeichnet oder überträgt, des Stadions verweisen. Das macht er dann auch – mit Ausnahme etwa der Leute von der Sportschau. Oder einfacher: Er lässt schon gar keinen hinein, der das Spiel übertragen will – mit Ausnahme der Leute von der Sportschau. Das geht mit Hilfe einer vertraglichen Abrede beim Eintrittskartenverkauf. Danach wird die gewerbsmäßige Herstellung und Verwertung von Aufnahmen untersagt bzw. gegen Zahlung eines Entgelts gestattet – und das machen dann die Leute zum Beispiel von der ... Sie wissen schon![13]

A	Richtig.
B	Falsch. Die Spieler verdienen in der Regel zwar gutes Geld, haben aber keine Verwertungsrechte in Bezug auf die Spiele.
C	Falsch. Der Eigentümer hat in dieser Frage nicht viel mitzureden. Meist sind Städte und Gemeinden die Eigentümer. Die bräuchten zwar dringend das Geld aus solchen Fußballübertragungen, geben aber noch Geld aus, indem sie zum Beispiel Polizisten zum Schutz vor Hooligans abstellen.
D	Falsch.

III. Typisch deutsch!

Wem gehört eigentlich

... der Rhein in Deutschland?

A   der Bundesrepublik Deutschland ☐

B   den Ländern Baden-Württemberg,
    Rheinland-Pfalz und Nordrhein-Westfalen ☐

C   niemandem ☐

D   dem «Institut zur Gestaltung und Erhaltung
    des Rheins im Rahmen der Völker-
    freundschaft» mit Sitz in Bad Breisig am Rhein ☐

Der Rhein ist – auf seinem durch Deutschland laufenden Teilstück (zwischen Basel in der Schweiz und Millingen in den Niederlanden) – eine Bundeswasserstraße im Sinne von Paragraph 1 des deutschen Bundeswasserstraßengesetzes (WaStrG). Bundeswasserstraßen werden vom Bund betrieben, unterhalten und ausgebaut. Die Verwaltung der Bundeswasserstraßen, und damit des Rheins, obliegt der Wasser- und Schifffahrtsverwaltung des Bundes. Im Wasserhaushaltsgesetz ist festgehalten, dass der Bund Eigentümer von Bundeswasserstraßen ist. An dem Wasser selbst ist, so das gleiche Gesetz, kein Eigentum möglich.

Achtung: Der deutsche Föderalismus hat auch im Wasserrecht zugeschlagen! Für die Wasserwirtschaft, wie zum Beispiel die

Trinkwassergewinnung oder die Bewirtschaftung von Abwässern, sind die Länder zuständig.

Der Rhein fließt nicht nur durch Deutschland. Sieben weitere Staaten sind direkt oder indirekt vom Flussgebiet betroffen, aber nicht an dessen Verwaltung auf deutschem Territorium beteiligt: Schweiz, Frankreich, Luxemburg, die Niederlande, Österreich, Liechtenstein und die belgische Region Wallonien. Zum Wohl des Rheins und aller ihm zufließenden Gewässer kooperieren diese Staaten in der Internationalen Kommission zum Schutz des Rheins (IKSR). Die Schwerpunkte der Arbeit sind die nachhaltige Entwicklung des Rheins, seiner Auen und der gute Zustand aller Gewässer im Einzugsgebiet.[14]

A	Richtig.
B	Falsch. Nur die Wasserwirtschaft obliegt diesen Ländern. Eigentümer am Rhein als Bundeswasserstraße ist der Bund.
C	Falsch.
D	Falsch. Dieses Institut gibt es nicht, es ist eine Erfindung der Autoren.

Wem gehört eigentlich

... die deutsche Nationalhymne?

A der Jagiellonischen Bibliothek in Krakau ☐

B der Bundesrepublik Deutschland ☐

C niemandem ☐

D dem Bundespräsidenten ☐

Die Nationalhymne (Hoffmann von Fallersleben: Lied der Deutschen, die Melodie stammt aus der früheren Kaiserhymne «Gotte erhalte Franz, den Kaiser» von Haydn) wurde festgelegt durch einen Briefwechsel zwischen Bundeskanzler Konrad Adenauer und Bundespräsident Theodor Heuss vom 29. April 1952 und 2. Mai 1952 mit der Maßgabe, nur die dritte Strophe zu singen. Zur Nationalhymne des vereinten Deutschlands bestimmt wurde sie durch einen Briefwechsel zwischen Bundespräsident Richard von Weizsäcker und Bundeskanzler Helmut Kohl vom 19. August 1991 und 23. August 1991. Die Hymne ist als staatliches Symbol und Verfassungswert unter Paragraph 90 a Strafgesetzbuch gegen Verunglimpfung geschützt. Dieser Paragraph befindet sich im Absatz unter «Gefährdung des demokratischen Rechtsstaates». Daraus kann aber nicht geschlossen werden, dass die Hymne der Bundesrepublik Deutschland gehört.

Die Originalniederschrift des Deutschlandliedes von Hoffmann von Fallersleben befindet sich in der Jagiellonischen Bibliothek in Krakau und ist Gegenstand langwieriger Rückgabeverhandlungen zwischen Polen und Deutschland. Momentan gehört dies der Republik Polen. Das Urheberrecht an dem Stück ist erloschen, insoweit ist das Stück selbst gemeinfrei und gehört niemandem.

Die weiteren Staatssymbole sind übrigens: das Bundeswappen (fixiert aufgrund eines Beschlusses der Bundesregierung im Januar 1950) und die Bundesflagge – schwarz, rot, gold – (festgelegt im Grundgesetz). Die Bundeshauptstadt (Berlin) und der Nationalfeiertag (3. Oktober) wurden im Einigungsvertrag bestimmt. Dass die Regierung ihren Sitz in Berlin nimmt, hat der Bundestag am 20. Juni 1991 beschlossen.[15]

A	Richtig, ihr gehört die Originalabschrift.
B	Falsch.
C	Richtig, da das Urheberrecht am Text und der Melodie abgelaufen ist.
D	Falsch, der Bundespräsident ist nicht der Staat, sondern ein Staatsorgan.

Wem gehört eigentlich

... der Reichstag in Berlin?

A niemandem ☐

B dem Deutschen Reich ☐

C dem Deutschen Volke ☐

D dem Deutschen Bundestag ☐

«Reichstag» hieß die deutsche Volksvertretung bereits vor der NS-Diktatur. Die Abgeordneten des Reichstages verabschiedeten am 19. April 1871 einen Antrag, in dem es hieß: «Die Errichtung eines den Aufgaben des deutschen Reichstags entsprechenden und der Vertretung des deutschen Volkes würdigen Parlamentshauses ist ein dringendes Bedürfnis.» Es sollte also ein Gebäude errichtet werden: ein Bauwerk, das wir auch heute noch unter dem Namen «Reichstag» kennen. Als Ort war die Ostseite des heutigen Platzes der Republik auserkoren. Allerdings stand dort noch das Palais eines preußischen Grafen. Erst nach dessen Tod konnte das Gelände – gegen Entschädigung – enteignet werden.

Die Volksvertretung ließ den Reichstag errichten. Das Reichstagsgebäude ist im Grundbuch als Eigentum des Deutschen Reiches verzeichnet. Es ist mit Inkrafttreten des Grundgesetzes Bundesvermögen geworden. Bekannt wurde der Reichstag weltweit durch das Künstlerpaar Christo und Jeanne-Claude. Sie durften das Haus verhüllen. Vom 24. Juni bis zum 7. Juli 1995 war das Gebäude vollständig mit silberglänzendem, feuerfestem Gewebe verhüllt und mit blauen, gut drei Zentimeter starken Seilen verschnürt. Der «verhüllte Reichstag» machte weltweit Furore.[16]

A	Falsch.
B	Richtig: So steht es bis heute im Grundbuch. Allerdings ist das Gebäude mit Inkrafttreten des Grundgesetzes Vermögen der Bundesrepublik Deutschland geworden.
C	Falsch. Die zentrale Inschrift im Westgiebel des Reichstages lautet: «Dem Deutschen Volke» und ist als Anspruch der politischen Arbeit zu verstehen, nicht als Hinweis auf die Eigentumsverhältnisse.
D	Falsch. Der Deutsche Bundestag, vertreten durch den Bundestagspräsidenten, ist allerdings Hausherr.

Wem gehört eigentlich

... Gesetzesnormen und deren Überschriften?

A niemandem ☐

B dem Verlag C.H.Beck ☐

C den politischen Parteien ☐

D dem Bundesgerichtshof ☐

Aus den unzähligen Gerichtsshows im deutschen Fernsehen kennen wir diese kleinen, dicken, roten Gesetzessammlungen. Sie tragen Namen wie «Schönfelder – Deutsche Gesetze». Dabei handelt es sich um Loseblattwerke. Ändert sich ein Gesetz, erscheint eine Ergänzungslieferung, und die Seiten des abgedruckten Gesetzes müssen ausgetauscht werden.

Die meisten Gesetzessammlungen – zum Beispiel die roten «Klötze» – werden vom Verlag C.H.Beck in München herausgegeben. Der Verlag muss dafür aber nicht bezahlen, denn die Gesetzestexte sind gemeinfrei.

Gemeinfrei sind alle Werke, die keinem Urheberrecht mehr unterliegen oder ihm nie unterlegen haben. Das bestimmt das Urheberrechtsgesetz: «Gesetze, Verordnungen, amtliche Erlasse und Bekanntmachungen sowie Entscheidungen und amtlich verfasste Leitsätze zu Entscheidungen genießen keinen urheberrechtlichen Schutz.»

Das bedeutet, dass jeder solche Gesetze herausgeben, verlegen oder drucken kann. Etwas anderes gilt für die Überschriften der Normen. Früher war der Gesetzgeber diesbezüglich nicht aktiv, er hat sich nur vereinzelt darum gekümmert. Lückenfüller waren die Verlage, die sich die Mühe gemacht haben, ganze Gesetze mit Überschriften für die einzelnen Paragraphen zu versehen. Um zu kennzeichnen, dass es sich dabei nicht um amtliche Überschriften handelt, werden sie in eckige Klammern gesetzt. Die Rechte an den Überschriften in eckigen Klammern gehören dem Verlag, der die Gesetzessammlung herausgibt. Das gilt allerdings nur, wenn mehr als nur eine oder zwei Überschriften hinzugefügt sind.

Inzwischen werden die Gesetzesnormen immer länger und oft auch komplizierter. Seit einiger Zeit macht sich der Gesetzgeber in vielen Fällen die Mühe, eigene Überschriften vorzugeben. Deshalb verschwinden mit der Zeit viele eckige Klammern aus den Gesetzessammlungen. Die amtlichen Überschriften sind gemeinfrei.[17]

A	Richtig. Gesetzesnormen und amtliche Überschriften sind gemeinfrei.
B	Nur die Überschriften, die der Verlag selbst entwickelt hat, gehören ihm.
C	Falsch.
D	Falsch. Die Gerichte wenden Gesetze nur an, entwickeln sie aber nicht. Das bestimmt die Gewaltenteilung.

Wem gehört eigentlich

... die Bundesdruckerei?

A Apax Partners & Co. ☐

B JFVVG Neununddreißigste Vermögensverwaltungsgesellschaft ☐

C niemandem ☐

D der Bundesrepublik Deutschland ☐

Deutsche Pässe, Personalausweise und Führerscheine werden von der Bundesdruckerei gedruckt. 1879 erkannte Heinrich von Stephan, der damals amtierende Leiter der Reichspost- und Telegraphenverwaltung, dass es von Vorteil ist, wenn das Reich sicherheitsrelevante Dokumente selbst druckt. Dies war der Startschuss für die Reichsdruckerei. Die Druckerei fertigte aber nicht nur Ausweispapiere und Briefmarken, sondern 1881 mit dem «Verzeichnis der bei der Fernsprecheinrichtung Beteiligten» das erste Telefonbuch der Stadt Berlin.

Auch in den folgenden Jahrzehnten florierte das Unternehmen, bis die Fabrik im Zweiten Weltkrieg fast völlig zerstört wurde. Am 1. September 1949 wurde die Bundesdruckerei als Nachfolgeunternehmen der Reichsdruckerei gegründet. Die Zeit nach dem Krieg war für die Bundesdruckerei zunächst schwierig. Erst 1960, mit der Einführung des bundesweiten Personalausweises, ging es wieder aufwärts. Auch für das Ausland druckt das Unternehmen: Briefmarken für Venezuela, Alkoholsteuerzeichen für Äthiopien, Pässe für Peru sowie Banknoten für Venezuela, Peru, Kolumbien und Israel.

1994 wurde die Bundesdruckerei in eine private Gesellschaft umgewandelt, deren Alleingesellschafter die Bundesrepublik Deutschland ist. Ziel war es, die Bundesdruckerei an einen privaten Investor zu verkaufen. Dies gelang im Jahr 2000. Die Bundesdruckerei wurde für eine Milliarde verkauft. Das hört sich viel an, war aber in Wirklichkeit eine Mogelpackung. Denn das Geld wurde zum größten Teil nie bezahlt, sondern dem Käufer gestundet. Als der Käufer dann in Zahlungsschwierigkeiten geriet, wurde 2002 die heruntergewirtschaftete und ausgesogene Bundesdruckerei für einen symbolischen Betrag von einem Euro verkauft. Auf den harten Wettbewerb in der Privatwirtschaft war das einstige Staatsunternehmen nicht vorbereitet. Skandale und Pannen häuften sich.

Inzwischen hat der Bund die Anteile wieder zurückgekauft. Eine Odyssee geht damit zu Ende, bei der Hunderte von Millionen Euro verbrannt wurden.

A	Falsch, im Zuge der Privatisierung waren Apax Partners & Co die neuen Eigentümer der Bundesdruckerei.
B	Falsch. Als die Bundesdruckerei kurz vor der Insolvenz stand, wurde sie von Apax Partners & Co an die JFVVG Neununddreißigste Vermögensverwaltungsgesellschaft verkauft.
C	Falsch.
D	Richtig, der Bund erwarb im März 2009 alle Anteile zurück. Presseberichten zufolge wurden für den Rückkauf keine Barmittel aufgewendet, sondern Darlehen in Höhe von 310 Mio. Euro in Eigenkapital umgewandelt.

Wem gehört eigentlich

... ein Flensburger Punkt?

A dem Kraftfahrt-Bundesamt ☐

B dem jeweiligen Führerscheinbesitzer ☐

C niemandem ☐

D dem Bundesverkehrsminister ☐

«Sie sind punktgenau gelandet» – so wird ein Besucher der Internetseite des Kraftfahrt-Bundesamtes begrüßt, der sich online über die Flensburger Punktekartei informieren möchte. Flensburger Punkte möchte keiner wirklich haben. Bei 18 Punkten ist der Führerschein weg.

Wer zum Beispiel außerhalb geschlossener Ortschaften rechts überholt, erhält dafür drei Punkte. Wer an einer engen oder unübersichtlichen Straßenstelle parkt, einen Punkt. Drei Punkte bekommt, wer bei Nebel, Schneefall oder Regen außerhalb geschlossener Ortschaften am Tage nicht mit Abblendlicht fährt. Vier Punkte kann es für Autofahrten unter Drogeneinfluss geben – dann kommt noch ein sofortiges Fahrverbot hinzu.

Es sind zwar die Punkte eines Führerscheininhabers, die in Flensburg gesammelt werden, aber die Dokumentation dieser Punkte gehört dem Kraftfahrt-Bundesamt. Bei Wohlverhalten werden die Punkte nach einigen Jahren gelöscht. Zwei Jahre dauert es bis zur Löschung der Punkte aus Bußgeldentscheidungen bei einer Ordnungswidrigkeit – wenn in dieser Zeit keine neue Ordnungswidrigkeit eingetragen wird. Erst nach fünf Jahren werden Punkte bei einer Ordnungswidrigkeit gelöscht, wenn laufend weitere Ordnungswidrigkeiten eingetragen werden. Auch Punkte aufgrund von Straftaten, die *nicht* im Zusammenhang mit Alkohol oder Drogen stehen, werden erst nach fünf Jahren gelöscht. Sind Drogen oder Alkohol im Spiel, muss man sogar zehn Jahre bis zur Löschung der Punkte warten. In manchen Fällen wird das so schlimm nicht sein: Manche verbringen einen Teil dieser Zeit im Gefängnis. Wer alkoholisiert Auto fährt, kann genau dort punktgenau landen.[18]

A	Richtig.
B	Falsch, das wäre ja noch schöner.
C	Falsch.
D	Falsch, aber das Kraftfahrt-Bundesamt ist als Bundesoberbehörde dem Bundesverkehrsministerium unterstellt.

Wem gehört eigentlich

... das ZDF?

A dem Land Rheinland-Pfalz ☐

B CDU/CSU und SPD ☐

C niemandem ☐

D den 16 Bundesländern ☐

Mit einem Zweiten sieht man besser – aus diesem Grund wurde am 1. April 1963 das neben der ARD zweite deutsche Fernseh-Vollprogramm gestartet: Das «Zweite Deutsche Fernsehen» (ZDF) mit Sitz in Mainz (Rheinland-Pfalz). Gegründet wurde das ZDF zwei Jahre zuvor durch einen Staatsvertrag. Beteiligt waren die damals westdeutschen Bundesländer. Inzwischen gilt der ZDF-Staatsvertrag vom 31. August 1991, und zwar, wie Juristen es so schön formulieren: «in der Fassung des Dreizehnten Staatsvertrages zur Änderung rundfunkrechtlicher Staatsverträge (Dreizehnter Rundfunkänderungsstaatsvertrag), in Kraft seit April 2010».

Schon in Paragraph 1 Absatz 1 des Vertrages werden wir fündig in Bezug auf die Eigentümerstruktur des ZDF: «Die Länder sind Träger der gemeinnützigen Anstalt des öffentlichen Rechts mit dem Namen ‹Zweites Deutsches Fernsehen (ZDF)›. Das ZDF veranstaltet Fernsehen nach Maßgabe dieses Staatsvertrages und des Rundfunkstaatsvertrages.» Juristisch gesehen liegt hier eine Anstalt des öffentlichen Rechts vor. Anders als private Fernsehstationen kann das ZDF nicht insolvent werden. So bestimmt Paragraph 32 des Vertrages: «Ein Insolvenzverfahren über das Vermögen des ZDF ist unzulässig.» Der Slogan «mit dem Zweiten sieht man besser» stammt übrigens aus dem Jahr 1999.

A	Falsch. In der Landeshauptstadt von Rheinland-Pfalz, Mainz, befindet sich zwar der Sitz des ZDF, aber das Land ist nur Miteigentümer (siehe Lösung D).
B	Falsch. Die Parteien sehen das öffentlich-rechtliche Fernsehen zwar gerne als ihren Vorhof an und nehmen auf die Personalauswahl Einfluss – so der hessische Ministerpräsident Roland Koch im Jahr 2009. Eigentümer aber sind weder er noch die Parteien. Wir möchten durch dieses Buch beitragen, ihnen das wieder in Erinnerung zu rufen.
C	Falsch.
D	Richtig.

Wem gehört eigentlich

... die Deutsche Bank?

A dem deutschen Staat ☐

B den Aktionären der Bank ☐

C niemandem ☐

D der Europäischen Zentralbank als «deutsche Abteilung» ☐

Die Deutsche Bank hat, trotz ihres Namens, nichts mit dem deutschen Staat zu tun – zumindest, was ihre Eigentümerstellung betrifft. Sie darf also nicht mit der Deutschen Bundesbank verwechselt werden!

Die Deutsche Bank ist in der rechtlichen Form einer Aktiengesellschaft konstituiert. Davon hält sie 5,01 % der Aktien selbst, 94,99 % befinden sich in Streubesitz. Streubesitz heißt, dass viele Privatpersonen, vor allem aber «institutionelle Anleger» (wie Fondsgesellschaften), Aktien an dem Unternehmen halten. Jeder kann sich einen Anteil an der Deutschen Bank kaufen – der Preis steht tagesaktuell in den Börsenkursen der Tageszeitungen. Somit sind die Aktionäre die Eigentümer der Bank.

Gegründet wurde die Deutsche Bank 1870. Die Bank hat also zwei Währungsreformen (1923 und 1948), zwei Weltkriege und eine Zerschlagung (1947 durch die Alliierten, Zusammenführung erst 1957) erlebt. Diese historische Entwicklung zeigt sich auch in den sechs Währungen, in denen das Grundkapital aufgebracht wurde: Es begann 1870 mit dem Taler, wechselte zwischen 1873 und 1876 in die Mark, die 1923 durch die Rentenmark und 1924 durch die Reichsmark abgelöst wurde. 1948 wurde die Deutsche Mark eingeführt, zur Jahrhundertwende dann der Euro.

A	Falsch. Trotz des Namens war die Bank nie Eigentum des deutschen Staates.
B	Richtig.
C	Falsch.
D	Falsch. Die Europäische Zentralbank, eine Institution der Europäischen Union, hat mit der «Deutschen Bank» keine eigentumsrechtlichen Verflechtungen.

Wem gehört eigentlich

... die Bezeichnung «Dresdner Christstollen»?

A niemandem ☐

B dem Freistaat Sachsen ☐

C einem Schutzverband ☐

D einer Dresdner Traditionsbäckerei ☐

Es leuchtet ein, dass es verwirrend wäre, wenn ein bayrisches Unternehmen Dresdner Christstollen verkaufen würde. Schließlich vermuten wir als Käufer, dass der Stollen aus Dresden oder Umgebung kommt. Tatsächlich ist es verboten, geografische Angaben zu verwenden, die nicht den wirklichen Ursprung des Produkts widerspiegeln. Das heißt aber noch lange nicht, dass die Bezeichnung «Dresdner Christstollen» jemand bestimmtem gehört. Denn das wäre ein unzulässiger Umkehrschluss. Trotzdem: Der «Dresdner Christstollen» wurde als Marke geschützt, was dazu führt, dass nur noch der Inhaber der Marke die Bezeichnung nutzen darf und allen anderen das Aufbringen der Marke auf Produkten verbieten kann.

Während eine Marke normalerweise den Zweck hat, Produkte eines bestimmten Unternehmens von denen anderer Unternehmen zu unterscheiden, liegt die Sache hier anders. Irgendwie wäre es ja auch sehr ungerecht, wenn «Dresdner Christstollen» nur von einer einzigen Bäckerei verwendet werden dürfte, die alle anderen Dresdner Bäckereien hindern könnte, ihre Stollen so zu nennen. Schließlich denken wir bei «Dresdner Christstollen» nicht, dass das Produkt aus einem bestimmten Unternehmen kommt, sondern nur, dass es generell aus Dresden kommt. Während man normalerweise solche generellen Angaben nicht schützen lassen kann, gibt es eine Ausnahme für geografische Angaben, mit denen der Verbraucher eine bestimmte Güte und Qualität verbindet, also etwa Lübecker Marzipan oder Solinger Schneidwerkzeuge. Nicht schutzfähig sind dagegen reine Gattungsangaben wie Wiener Schnitzel. Hier werden Fleisch- und Zubereitungsart beschrieben (paniertes Kalbschnitzel), nicht die Herkunft des Fleischstücks aus Österreich. Auch Phantasiebezeichnungen dürfen von jedermann, also auch von den nicht am Ort Ansässigen, frei benutzt werden. Tatsächlich hat man sich in den achtziger Jahren einmal vor dem Bundesgerichtshof darüber gestritten, ob die Käufer das Orangensaftgetränk «Capri-Sonne» als Phantasiebezeichnung auffassen...

Aber zurück nach Dresden. Geografische Angaben, die mit einer gewissen Qualität und Güte assoziiert werden, können als sogenannte «Kollektivmarke» geschützt werden. Inhaber ist dann ein Verband, dem alle Unternehmen beitreten dürfen, die im geografischen Raum ansässig sind, der von der Marke umfasst ist. In unserem Beispiel also Dresden und Umland. Dieser Verband kümmert sich auch darum, dass keine anderen Unternehmen die Bezeichnung verwenden. Die Kollektivmarke «Dresdner Christstollen» gehört dem Schutzverband Dresdner Christstollen e. V.[19]

A	Falsch.
B	Der Freistaat selbst ist nicht Inhaber der Bezeichnung. Wenn es Streit gibt, entscheiden aber natürlich staatliche Gerichte darüber.
C	Richtig, nämlich dem Schutzverband Dresdner Christstollen e. V.
D	Ein einzelner Dresdner Bäcker darf die Bezeichnung zwar benutzen, aber sie gehört ihm nicht allein. Er hat also ein Nutzungsrecht, aber nicht das Eigentum daran.

IV. Kindheitserinnerungen

Wem gehört eigentlich

... die Playmobil-Figur?

A Mattel Inc. ☐

B Geobra Brandstätter GmbH & Co. KG ☐

C niemandem ☐

D Ravensburger AG ☐

1974. Ölkrise. Der Spielwarenhersteller Brandstätter aus der fränkischen Kleinstadt Zirndorf hat ein Problem. Kunststoff wird immer teurer. Hula-Hoop-Reifen, Spielzeugautos und Registrierkassen aus Plastik sind immer schwieriger abzusetzen. Brandstätter lässt daraufhin ein Spielzeug entwickeln, dass für die Kleinen attraktiv ist, aber weniger Kunststoff verschlingt. Aus der Krise wird die geniale Idee des Playmobilmännchens geboren. Als erstes kommen Ritter, Indianer und Bauarbeiter auf den Markt und werden auf der Spielzeugmesse in Nürnberg vorgestellt. Doch zunächst interessiert sich niemand für die 7,5 cm großen Figuren. Erst am vorletzten Messetag kommt Schwung in den Markt, und ein holländischer Großhändler ordert Figuren für eine Million D-Mark. Daraufhin kaufen die Spielwarenläden bei Brandstätter, um keinen Trend zu verschlafen.

Mittlerweile wurden stolze 2,2 Milliarden Figuren verkauft. Jedes Jahr kommen 100 Millionen dazu. Das Verschwinden der traditionellen Spielwarengeschäfte macht Geobra (eine Verkürzung aus Georg Brandstätter, der 1921 mit der Produktion von Spielzeug begonnen hatte) zu schaffen. Auch wenn das Unternehmen gegen den Trend wächst, hat es den harten Wettbewerb gegen Computer- und Konsolenspiele zu bestehen. Bisher ist eine Niederlage aber nicht abzusehen. Der Playmobil-Ritter wird für seine Brüder und Schwestern weiter mannhaft um die Hoheit in den Kinderzimmern kämpfen.[20]

A	Falsch. Mattel stellt Barbie-Puppen her.
B	Richtig.
C	Falsch.
D	Falsch. Ravensburger gehört zwar zu den bekanntesten deutschen Spieleherstellern, mit Playmobil hat er aber nichts zu tun.

Wem gehört eigentlich

... Asterix?

A dem Erfinder Albert Uderzo ☐

B dem kleinen Verlag Albert René ☐

C dem Großverlag Hachette ☐

D niemandem ☐

Jedes Kind weiß, dass Obelix keinen Zaubertrank bekommt, weil er als Säugling einmal in den Kessel gefallen ist. Asterix und Obelix gehören zu einer schönen Kindheit einfach dazu. Und das schon seit 1959. Dies ist nämlich das Geburtsjahr der prügelfreudigen Gallier. Comic-Zeichner Albert Uderzo und Textautor René Goscinny haben die bunte Welt um Wildschweine, angreifende Römer und plärrende Barden erfunden. Nach Goscinnys Tod 1977 hat Uderzo weitere Asterix-Bände produziert, die seit 1979 vom Verlag Albert René herausgegeben werden. Diesem Verlag, der Inhaber aller Rechte ist, gehört daher auch Asterix. Zumindest formal.

Denn der Verlag vergibt nicht nur Buchlizenzen an ausländische Verlage (in Deutschland verlegt der Egmont Ehapa Verlag die Bände), sondern auch die Rechte, Asterix-Motive auf Schürzen, Kleidung oder Tassen zu drucken und Filme sowie Computerspiele mit dem prominenten Gallier zu verkaufen.

Interessant ist allerdings ein Blick hinter die Kulissen des Verlages. Eigentümer des Verlages waren nämlich der betagte Albert Uderzo mit 40%, seine Tochter Sylvie mit 40% und Anne Goscinny, die Tochter des verstorbenen Texters René Goscinny. Nach einem Familienstreit über die kommerzielle Ausrichtung von Asterix und Obelix hatte Albert Uderzo Ende 2008 seinen Anteil an den französischen Großverlag Hachette übertragen, der danach auch Anne Goscinnys Teil übernahm. Hachette kann als Mehrheitsanteilseigner nun auch festlegen, ob nach dem Tod von Uderzo neue Asterix-Bände produziert und vermarktet werden. Wie er sich entscheidet, wird sicher niemanden überraschen.[21]

A	Falsch. Albert Uderzo ist zwar der Urheber der Figur, er hat seine Rechte aber an den Albert René Verlag übertragen.
B	Richtig, die Nutzungsrechte liegen beim Albert René Verlag, der die Auswertung der Asterix-Figur durch eigene Produkte und Vergabe von Lizenzen steuern kann.
C	Der französische Großverlag Hachette ist zwar nicht formal Inhaber der Nutzungsrechte, über seinen Mehrheitsanteil am Albert René Verlag kann er aber faktisch entscheiden, wie mit den Rechten an Asterix verfahren wird.
D	Falsch.

Wem gehört eigentlich

... ein Schneemann?

A niemandem ☐

B dem, auf dessen Grundstück er steht ☐

C dem, der ihn gebaut hat ☐

D dem, der ihn gebaut hat,
   solange er sich in der Nähe befindet ☐

Ein perfekter Schneemann ist eine große Herausforderung. Zwei Schneemannbauschulen streiten sich um den richtigen Ansatz: die Kugelrollfraktion und die Schneeschaufelbefürworter. Die jahrzehntelang währende Debatte schwelt noch immer. Einig ist man sich immerhin, welche Accessoires den perfekten Schneemann ausmachen. Neben viel Schnee in der richtigen Konsistenz braucht man eine Karotte als Nase, Knöpfe, Steine oder Kohlenstücke als Augen, einen Schal, einen Eimer als Hut, einen Stock und Steine als Knöpfe. Findige Frauenrechtler haben aus Gleichberechtigungsgründen die Schneefrau erfunden, die mit Busen, Kopftuch und Schürze ausgerüstet wird.

Der vom Himmel fallende Schnee ist zunächst herrenlos. Da der Schnee nicht fest mit dem Grundstück verbunden ist, auf dem er liegt, bleibt er herrenlos. Wenn Kinder einen Schneemann bauen, geben sie dem Schnee eine neue Form. Wer Stoffe verarbeitet oder umbildet und dadurch etwas Neues schafft, wird nach den Regeln des Bürgerlichen Rechts Eigentümer der neuen Sache. Anders ist das nur, wenn die Stoffe, die verarbeitet werden, wertvoller sind als die Arbeitszeit, die in die Umbildung geflossen ist. Das ist beim Schneemann natürlich nicht so, da Schnee an sich nicht besonders wertvoll ist.

Der Schneemann gehört also dem, der ihn gebaut hat. Dabei ist völlig egal, wo der Schnee herstammt und auf wessen Grundstück der Schneemann steht. Als Spaziergänger darf man also die Accessoires des Schneemanns nicht einfach mitnehmen oder den Schneemann zerstören. Die Accessoires bleiben übrigens im Eigentum des Schneemannbauers, auch wenn der Schneemann schmilzt ...[22]

A	Falsch.
B	Das Grundstück, auf dem der Schneemann steht, hat keinen Einfluss auf die Eigentumslage. Wer allerdings überrascht feststellt, dass ein Fremder auf seinem Grundstück einen Schneemann gebaut hat, kann den Schneemann entfernen, wenn ihn das stört. Das Recht des Grundstückseigentümers schlägt insoweit das Eigentum des Schneemannerbauers.
C	Richtig, durch Verarbeitung der Materialien wird der Erbauer des Schneemanns Eigentümer.
D	Allein durch das Entfernen vom Schneemann verliert man noch nicht das Eigentum. Es kann aber natürlich sein, dass der Erbauer nach getanem Werk das Eigentum am Schneemann aufgibt, etwa weil es ihm gleichgültig ist, was mit dem Schneemann passiert. Das ist etwa dann der Fall, wenn der Schneemannerbauer weiß, dass er niemals mehr zum Schneemann zurückkehren wird.

Wem gehört eigentlich

... die Marke «Tempo»?

A   den Vereinigten Papierwerken   ☐

B   Procter & Gamble   ☐

C   Svenska Cellulosa Aktiebolaget   ☐

D   niemandem   ☐

«Gib mir mal bitte ein Tempo», sagen wir auch, wenn wir eigentlich gar keine «Tempos» meinen, sondern irgendwelche Papiertaschentücher. So sehr hat sich die Marke «Tempo» etabliert. Aber der Hersteller von «Tempo» mag es gar nicht, wenn billige Taschentücher als «Tempo» bezeichnet werden. Er hat Angst vor der Verwässerung seiner Marke. Denn eine Marke genießt immer nur Schutz, solange sie zur Unterscheidung von Waren eines bestimmten Unternehmens dienen kann. Wenn das nicht mehr der Fall ist und «Tempo» nicht mehr als Warenzeichen, sondern als Gattungsbezeichnung für Taschentücher angesehen wird, entfällt der Markenschutz. So ist es mit Vaseline geschehen. Dieser Ende des 19. Jahrhunderts von Robert Chesebrough geschützte Markenname hat sich zur Bezeichnung der Art des Produktes entwickelt und wird nicht als Marke für ein bestimmtes Produkt gehalten. Dann entfällt der Markenschutz. Markeninhaber müssen also auf jeden Fall sicherstellen, dass ihr Markenname nicht als Bezeichnung der Produktgattung verwendet wird. Auch Google ist nicht begeistert, das «googeln» als Synonym für die Suche im Internet in Zeitungen erscheint und in den Duden aufgenommen werden könnte.

Doch zurück zu «Tempo». Die Marke «Tempo» wurde bereits im Jahr 1929 beim Reichspatentamt angemeldet, und zwar von den Vereinigten Papierwerken Nürnberg. Diese hießen nach 1945 VP Schickedanz AG und wurden 1994 vom Branchenriesen Procter & Gamble übernommen. Die Marke «Tempo» wanderte immer mit. Im März 2007 verkaufte Procter & Gamble die VP Schickedanz AG für 512 Millionen Euro an den schwedischen Konzern Svenska Cellulosa Aktiebolaget, kurz SCA. Er ist heute Herr über die bekannteste Papiertaschentüchermarke Deutschlands.[23]

A	Falsch, aber die Vereinigten Papierwerke haben die Marke «Tempo» entwickelt.
B	Falsch. Procter & Gamble waren zwar einige Jahre Markeninhaber, haben die Marke und das Unternehmen aber an die VP Schickedanz AG verkauft.
C	Richtig.
D	Falsch.

Wem gehört eigentlich

... der Eisbär Knut?

A der Zoologischer Garten Berlin AG ☐

B dem Land Berlin ☐

C dem Tierpark Neumünster ☐

D niemandem ☐

«Mensch ist der süß», ist sicher einer der häufigsten Sätze, die man im Jahr 2007 im Berliner Zoo zu hören bekommt. Alle Aufmerksamkeit ist auf einen kleinen Eisbären gerichtet, der von einem Zoopfleger aufgezogen wurde, nachdem ihn die Eisbärmutter nicht angenommen hatte. Das niedliche Eisbärenbaby wird schnell zum Publikumsliebling und Medienstar. Bereits innerhalb seines ersten halben Lebensjahrs bestaunten ihn eine Million Besucher. Findige Zeitgenossen hatten die Bezeichnung «Knut» sogar als Marke angemeldet, um vom erwarteten Merchandising-Geschäft zu profitieren. Letztlich erkämpft sich der Berliner Zoo die Markenrechte allerdings zurück.

Knut ist der Sohn des Eisbären Lars, der aus dem Tierpark Neumünster stammt, und der Eisbärin Tosca aus dem Berliner Zoo. Nach dem großen Erfolg mit Knut beansprucht der Tierpark Neumünster einen Teil der Einnahmen mit der Begründung, dass Knut ihm gehöre. Nach dem Bürgerlichen Gesetzbuch hat der Eigentümer des Muttertiers auch das Eigentum an den Jungen. Warum stellte dann der Tierpark Neumünster Ansprüche? Lars, Knuts Vater, war eine Leihgabe von dort. In dem «Einstellungsvertrag» – so lautet der in der Zoologie übliche Fachausdruck beim Verleihen von Tieren zur Zucht – war im Übrigen geregelt, dass der erste, dritte, fünfte und siebte von Lars gezeugte Eisbärennachwuchs Eigentum des Tierparks Neumünster ist. Der Tierpark Neumünster war also Eigentümer von Knut, obwohl Knut in Berlin geboren wurde und aufwächst.

Mit T-Shirts, Kappen, Tassen, Mousepads und anderen Merchandising-Artikeln mit dem Bild von Knut erzielte der Berliner Zoo Millionen. Der Tierpark in Neumünster war der Ansicht, ihm stehe ein Teil dieser Summe zu, weil Knut ihm ja gehöre. Neumünster zog vor Gericht. Nach einem langen Prozess einigten sich beide Zoos schließlich, dass Knut ins Eigentum des Berliner Zoos übergeht und der Zoo an den Tierpark Neumünster dafür 430 000 Euro zahlt. Fans hatten 30 000 Unterschriften aus aller Welt für Knuts Verbleib in Berlin gesammelt und dem Senat vorgelegt. Mit der gerichtlichen Einigung vom 6. Juli 2009 sind nun alle gegenseitigen Ansprüche abgegolten, und Knut bleibt Berliner.[24]

A	Richtig.
B	Falsch, denn der Zoo gehört der Zoologischer Garten Berlin AG und damit allen Aktionären der Aktiengesellschaft.
C	Falsch, der Tierpark Neumünster war nur bis zum 6. Juli 2009 Eigentümer von Knut.
D	Falsch.

Wem gehört eigentlich

... Monopoly?

A   den Erben von Elisabeth J. Magie   ☐

B   den Erben von Charles Darrow   ☐

C   niemandem   ☐

D   dem Spielwarenhersteller Hasbro Inc.   ☐

Während des Nationalsozialismus war Monopoly wegen seines angeblich «jüdisch-spekulativen Charakters» (so die Nazis) verboten, und auch in der DDR war es untersagt. Trotzdem: Seit 1935 wurde es über 250 Millionen Mal verkauft. Doch um ein Haar hätte der weltweite Klassiker niemals in kommerzieller Form das Licht der Welt erblickt.

Elisabeth J. Magie entwickelt im Jahr 1903 das Spiel «Landlord's Game» (deutsch: Vermieter-Spiel) und lässt es sich in Amerika patentieren. Zunächst zirkulieren nur einzelne handgefertigte Exemplare. Erst 1920 vertreibt die Economic Game Company das Spiel. In einer verbesserten Version, die aus dem Jahr 1924 datiert, fügt Magie – nun verheiratete Magie Philips – Straßennamen ein: die Grundversion von Monopoly ist geboren. Auch die Weiterentwicklung des Spiels lässt sich Magie patentieren. Ein paar Jahre später schlägt der infolge des Börsencrashs und der Weltwirtschaftskrise arbeitslose Charles B. Darrow dem

Unternehmen Parker vor, seine Spielkreation «Monopoly» zu kaufen und zu vertreiben. Es weist erhebliche Überschneidungen mit dem «Landlord's Game» auf. Parker lehnt ab: Das Spiel sei zu langwierig, habe kein richtiges Ende und die Spieler liefen ständig ziellos im Kreis. Darrow lässt sich nicht entmutigen. Er fertigt das Spiel selbst und verkauft es an Freunde und Nachbarn. Das Spiel trifft den Nerv der Zeit: Krisenverlierer können sich durch das Spiel in eine andere Welt flüchten, astronomische Gewinne genießen und sich der Illusion vom großen Geld hingeben. Darrow verkauft 5000 Exemplare.

Daraufhin erwirbt Parker im Jahr 1935 die Rechte an Monopoly. An Elisabeth Magie Philips zahlt Parker 500 Dollar, damit sie aus ihrem Patent keine Rechte geltend macht. Parker bleibt zunächst in Familienbesitz, bis 1968 die Übernahme durch General Mills erfolgt. 1987 gehen auch die Rechte an Monopoly an den Spielwarenhersteller über, der letztlich von Hasbro gekauft wird. Hasbro führt heute die Marke «Parker» weiter. Und so freuen sich heute weiterhin Jung und Alt diebisch, wenn ihre Mitspieler vergessen, rechtzeitig «Miete» zu rufen.[25]

A	Falsch. Elisabeth J. Magie ist zwar die Mutter von Monopoly, sie veräußerte ihre Rechte aber an Parker.
B	Falsch, auch Charles Darrow übertrug seine Rechte an Parker.
C	Falsch.
D	Richtig, nach mehrfachem Verkauf der Rechte ist heute Hasbro Inc. Rechteinhaber, insbesondere der Markenrechte an der Bezeichnung «Monopoly».

Wem gehört eigentlich

... das Lied «Happy Birthday»?

A Warner Chappell Music Inc. ☐

B Mildred Hill ☐

C niemandem ☐

D Happy Birthday Trust Ltd. ☐

Wussten Sie, dass das Singen des Lieds «Happy Birthday» in einer Kneipe eine Urheberrechtsverletzung ist? Das Lied wurde Ende des 19. Jahrhunderts von zwei Schwestern erfunden, die in einem Kindergarten im amerikanischen Louisville arbeiteten. Mildred und Patty Hill hatten die Melodie als Begrüßung («Good Morning to All») für Kinder geschaffen. Erst später wurde der Geburtstagstext hinzugedichtet. Wenn ein Werk von mehreren Urhebern stammt, ist es bis 70 Jahre nach dem Tod des letzten Urhebers geschützt. Das gilt zumindest, wenn der Urheber Deutscher ist. Aber auch internationale Urheber sind in unserem Staat nicht schutzlos. Es gibt internationale Abkommen, in denen sich die Mitgliedstaaten verpflichten, dass sie Urhebern aus anderen Staaten die gleichen Rechte garantieren wie ihren eigenen Staatsangehörigen. Aufgrund solcher Abkommen genießen die Hill-Schwestern in Deutschland Schutz, als wenn sie Deutsche wären, also bis 70 Jahre nach ihrem Tod. Patty Hill verstarb 1946. Ihren Erben stehen die Rechte daher bis zum Jahr 2016 zu.

1989 übernahm ein Unternehmen, das später von Warner Chappell Music Inc. gekauft wurde, die Rechte gegen eine Zahlung von 15 Millionen Pfund. Warner Chappell gehört zur Warner Music Group, einem der größten Musikkonzerne der Welt. Das Lied bringt noch heute der Rechteinhaberin jährlich ca. 2 Millionen US-Dollar an Lizenzgebühren ein, die Hälfte davon fließt in die Stiftung der Urheber, die Hill Foundation. Wenn man das Lied öffentlich in der Kneipe singt, ist dies urheberrechtlich gesehen eine Aufführung, die nur mit Zustimmung des Urhebers zulässig ist. Es gibt jedoch einen Trick, um die Einwilligung zu umgehen: Lassen Sie einfach alle anderen Gäste mitsingen. Wenn jeder singt, gibt es keine Öffentlichkeit mehr und damit auch keine erlaubnispflichtige öffentliche Aufführung.[26]

A	Richtig.
B	Falsch. Mildred Hill verstarb bereits 1916.
C	Falsch.
D	Falsch. Der Trust ist eine Erfindung.

Wem gehört eigentlich

... der auf das Nachbargrundstück gefallene Apfel eines Apfelbaums?

A dem Eigentümer des Apfelbaums ☐

B dem Nachbarn ☐

C beiden ☐

D niemandem ☐

Schon Friedrich Schiller wusste: «Es kann der Frömmste nicht in Frieden leben, wenn es dem bösen Nachbarn nicht gefällt.» In wenigen Rechtsgebieten gibt es so viel Streit wie im Nachbarrecht. Gestritten wird dabei meist nicht über die wirkliche Ursache des Streits, sondern die Parteien weichen auf Nebenkriegsschauplätze aus.

So müssen sich Gerichte damit befassen, welche Abstände Bäume und Sträucher zur Grundstücksgrenze einzuhalten haben, wie oft man auf seinem Grundstück grillen darf (nach einem Urteil aus dem Jahr 2002 viermal im Jahr), wann man den Rasenmäher anstellen darf (in der Regel Montag bis Samstag zwischen 7.00 und 19.00 Uhr, es sei denn, kommunale Satzungen regeln dies abweichend) und ob man gegen Kinderlärm vorgehen kann (nach der Rechtsprechung ist das nicht möglich). Zur Provokation seines Nachbars stellte ein findiger Zeitgenosse Gartenzwerge auf, die dem Nachbarn die Zunge herausstrecken oder ihr Hinterteil entblößen. Das planvolle Aufstellen solcher «Frustzwerge» wurde vom Amtsgericht Grünstadt untersagt: «Die Aufstellung dieser «Frustzwerge» geht weit über das hinaus, was als lediglich ästhetische Störung des Beklagten bezeichnet werden könnte. Die Posen und Gesten dieser Zwerge stellen sich – trotz ihres zweifellos künstlerischen Wertes – als grobe Beleidigung des Klägers dar, was nach der Überzeugung des Gerichtes vom Beklagten auch so beabsichtigt ist.»

Und immer wieder Streit gibt es darüber, wem das Fallobst eines Baumes gehört, der auf dem Nachbargrundstück steht. Solange die Früchte noch am Baum hängen, gehören sie dem Eigentümer des Baumes. In dem Moment allerdings, in dem sie auf das Nachbargrundstück hinübergefallen sind, ist das Fallobst das Eigentum des Nachbarn. Und eines noch: Schütteln darf man nicht.[27]

A	Falsch, wenn die Früchte heruntergefallen sind, gehören sie dem Nachbarn.
B	Richtig.
C	Falsch.
D	Falsch.

V. Mutter Natur

Wem gehört eigentlich

... Landschaft?

A den Malern ☐

B den Bauern ☐

C den Tieren ☐

D niemandem ☐

Halten wir uns an Marion Gräfin Dönhoff, die 1909 in Ostpreußen geborene und im Jahr 2002 verstorbene frühere Chefredakteurin und Mitherausgeberin der Wochenzeitung «Die Zeit».

Gräfin Dönhoff war durch den furchtbaren Zweiten Weltkrieg Flüchtling aus dem Osten. Friedrichstein, das seit dreihundert Jahren von ihrer Familie bewohnte Schloss bei Königsberg, hatte die Rote Armee in Brand gesteckt. Trotz ihres Schmerzes darüber, dass ihre Heimat seit Kriegsende nicht mehr zu Deutschland gehörte, blieb ihr immer bewusst, dass dieser Verlust eine Folge deutscher Schuld war. Mit 80 Jahren, 45 Jahre nach ihrer Flucht, besuchte Gräfin Dönhoff zum ersten Mal wieder ihre russische Heimat. Sie fuhr nach Friedrichstein. Ein Wiedersehen mit dem Schloss konnte es nicht geben. Es ist «wie vom Erdboden verschluckt, nichts ist davon geblieben, nicht einmal ein Trümmerhaufen. ... Alles ist überwuchert von Sträuchern, Brennnesseln, heranwachsenden Bäumen. Ein Urwald hat die Zivilisation verschlungen. Aber der See ist schön wie eh und je ...»

Juristisch gehört eine Landschaft den Eigentümern der Grundstücke, die in ihr liegen. Zwei Drittel der Fläche der alten Bundesländer – nur dafür liegen Daten vor – sind in privater Hand: Land- und Forstwirte besitzen 34 Prozent, Privatpersonen 22 Prozent, Gemeinschaftseigentümer 5,5 Prozent, Kleinunternehmer 3 Prozent. Ein weiteres knappes Drittel gehört Bund, Ländern und Gemeinden, 4 Prozent besitzen die Kirchen, den Rest teilen sich Wohnungsgesellschaften, Banken und andere Unternehmen. Pro Jahr wechselt kaum mehr als ein Zehntel Prozent der Fläche den Eigentümer. Nicht selten sind Wälder, Äcker und Wiesen seit Generationen, teils seit Jahrhunderten in der Hand einer Familie. Aber diese Fakten sind natürlich nicht alles. Landschaft ist mehr als die Summe der Grundstücksflächen. 1992 kam Gräfin Dönhoff ein weiteres Mal nach Ostpreußen: «Landschaft gehört im letzten und höheren Sinn ... niemandem, allenfalls vielleicht dem, der imstande ist zu lieben, ohne zu besitzen.» Das erschien ihr als «der höchste Grad der Liebe».

A	Es gibt eindrucksvolle Landschaftsmalerei. Den Malern mag die Malerei gehören, aber nicht die Landschaft.
B	Falsch.
C	Juristisch gesehen können Tiere nichts besitzen.
D	Richtig.

Wem gehört eigentlich

... gespendeter Samen?

A dem Spender ☐

B der Samenbank ☐

C der späteren Käuferin des Samens ☐

D niemandem ☐

Männer können ihren Samen bei Samenbanken spenden. Für solche Spenden werden zwischen 100 und 500 Euro bezahlt. Allerdings kann bei weitem nicht jeder spenden. Übergewichtige oder kranke Männer sind nicht gefragt. Außerdem muss man über eigene und familiäre Krankheiten ebenso Auskunft geben wie über Essgewohnheiten. Bevor der Samen tatsächlich in die Samenbank aufgenommen wird, wird er komplett untersucht. Hat man diese Hürden überwunden, wird der Samen nach der Spende für sechs Monate tiefgefroren. Das dient der Risikoverminderung von Infektionskrankheiten. Zu diesem Zeitpunkt gehört der Samen der Samenbank.

Allerdings wird der Spender mit der Übertragung des Eigentums am Samen nicht sorgenfrei. Die Unterlagen über die Person des Spenders und die Person der Empfängerin werden aufbewahrt. Die entstandenen Kinder sollen, so der Wunsch einiger Politiker, auch gegen den Willen der Mutter in Erfahrung bringen können, wer ihr genetischer Erzeuger ist. Fakt ist: Nach der heutigen Rechtslage ist der Spender nicht vor möglichen Ansprüchen eines von seiner Samenspende abstammenden Kindes geschützt. Möglich sind zwar sogenannte «Freistellungsvereinbarungen» zwischen dem Spender und den Eltern. Diese Vereinbarungen stellen den Spender von juristischen Ansprüchen der Eltern frei. Aber Achtung: Ansprüche des Kindes gegen den Spender bleiben davon unberührt.

Es können sich also vermögensrechtliche Ansprüche gegen den Spender oder dessen Erben ergeben. Sofern ein volljähriges Kind, welches mit Hilfe einer Samenprobe gezeugt wurde, von seinen Eltern Art, Zeitpunkt und Ort seiner Zeugung mitgeteilt bekommt, hat es das Recht und die Möglichkeit, über den Arzt oder die Samenbank die Identität des genetischen Erzeugers zu erfahren.[28]

A	Falsch, er verliert das Eigentum, setzt sich aber vermögens- oder erbrechtlichen Ansprüchen aus.
B	Richtig.
C	Richtig, aber erst ab Übereignung des Samens.
D	Falsch.

Wem gehört eigentlich

... ein entflogener Bienenschwarm?

A dem Imker ☐

B niemandem ☐

C dem Staat ☐

D der Bienenkönigin ☐

Haben Sie schon einmal von der mächtigen Imkerlobby gehört? Bankenlobby, Pharmalobby, Automobillobby – klar. Aber Imkerlobby? Sie haben natürlich Recht, es gibt keine einflussreiche Interessenvertretung der Imker.

Ende des 19. Jahrhunderts war das anders. Den Imkern ist es sogar gelungen, so viel Druck aufzubauen, dass im Bürgerlichen Gesetzbuch eigens vier Paragraphen zu Bienenschwärmen aufgenommen wurden. Die Vorschriften regeln, wann das Eigentum an einem Bienenschwarm verloren geht und was passiert, wenn sich zwei Bienenschwärme verschiedener Imker vermischen. Was sich heute allenfalls wie eine Skurrilität anhört, war seinerzeit sehr ernst gemeint. Ein Imker muss danach ganz genau auf seinen Bienenschwarm aufpassen. Zieht ein Bienenschwarm aus, so wird er herrenlos, wenn der Eigentümer ihn nicht unverzüglich verfolgt oder wenn der Eigentümer die Verfolgung aufgibt. Vereinigen sich ausgezogene Bienenschwärme mehrerer Eigentümer, so werden die Eigentümer, welche ihre Schwärme verfolgt haben, Miteigentümer des eingefangenen Gesamtschwarms. Die Anteile bestimmen sich nach der Zahl der verfolgten Schwärme, nicht etwa nach der Anzahl der Bienen.

Die Regeln zu den Bienenschwärmen befinden sich noch heute im Bürgerlichen Gesetzbuch. Wenn Sie also bei einem Spaziergang einem Bienenschwarm auf der Flucht begegnen, der nicht von einem Imker verfolgt wird, wissen Sie nun genau, wem er gehört: niemandem.[29]

A	Falsch. Der Imker behält nur so lange sein Eigentum, wie er den Bienenschwarm verfolgt.
B	Richtig. Der Schwarm wird herrenlos und gehört niemandem mehr, wenn ihn der Imker nicht verfolgt oder verloren hat.
C	Falsch.
D	Falsch. Die Bienenkönigin führt ihr Bienenvolk. Das Bürgerliche Gesetzbuch gibt ihr allerdings keine Eigentumsrechte am Schwarm.

Wem gehört eigentlich

... eine Waldfrucht im Bayerischen Wald?

A dem Waldeigentümer ▢

B dem, der sie an sich bringt ▢

C dem Land Bayern ▢

D niemandem außer den Tieren im Wald ▢

Waldfrüchte im Wald gehören demjenigen, dem der Wald gehört: dem Staat oder Privatpersonen. Denn es gibt Staatswald und Privatwald. In Bayern gibt es noch eine Besonderheit. Dort bestimmt die Landesverfassung in Artikel 141 Absatz 3: «Der Genuss der Naturschönheiten und die Erholung in der freien Natur, insbesondere das Betreten von Wald und Bergweide, das Befahren der Gewässer und die Aneignung wildwachsender Waldfrüchte in ortsüblichem Umfang ist jedermann gestattet.» Das heißt, die Waldfrüchte mögen jemandem gehören, sie sich «anzueignen», also zu pflücken und zu essen, ist aber gestattet.

Artikel 141 Absatz 3 der bayerischen Landesverfassung ist einer der seltenen Fälle im deutschen Verfassungsrecht, in denen die Aneignung fremder Sachen erlaubt ist.

Manche findige Zeitgenossen mögen nun fragen, ob die Eigentümer des Waldes auch verpflichtet sind, Waldfrüchte anzupflanzen. Dem hat der Bayerische Verfassungsgerichtshof einen Riegel vorgeschoben. Die Verfassung, so sagen die Richter, gewähre nur ein Recht auf Genuss der Natur in ihrem jeweiligen Bestand. Es gebe kein Abwehrrecht gegen Veränderungen der Natur. Entscheidet demnach ein Waldeigentümer, in seinen Wäldern einige Waldbeerensträucher zu roden, kann der Bürger dagegen nicht vorgehen.

Eine Regelung über Waldbären findet sich in der Bayerischen Verfassung übrigens nicht. Pech für Bruno, den «Problembären», der vor einigen Jahren die Wälder in Bayern, Österreich und Italien unsicher machte. Er wurde schließlich in der Nähe der Rotwand im Spitzingseegebiet in Bayern erlegt. Ein Bär ist nun mal keine Beere.[30]

A	Richtig.
B	Ebenso richtig – es gibt ein Aneignungsrecht in der Verfassung des Freistaates Bayern.
C	Nur, wenn es der Waldeigentümer ist. Es gibt aber auch Privatwald.
D	Falsch. Tiere können juristisch gesehen kein Eigentum begründen.

Wem gehört eigentlich

... ein Mensch?

A sich selbst ☐

B niemandem ☐

C dem Staat ☐

D dem lieben Gott ☐

Fast alle Staaten der Welt, fast alle Organisationen, die Geistesgeschichte fast aller Kulturen und vermutlich fast alle Menschen gehen davon aus, dass Menschen allein aufgrund ihres Menschseins mit Rechten ausgestattet sind. Dazu gehört, dass der Mensch sich selbst gehört. Dieses Recht ist unveräußerlich, universell und unteilbar. Soweit die Theorie.

Die Theorie ist angreifbar. Manche sagen, es handele sich um einen naturalistischen Fehlschluss, einen fehlerhaften Schluss vom Sein zum Sollen. Nur weil der Mensch existiert, soll er Rechte haben? Logisch ist das nicht. Es bedürfe anderer Gründe. Christen führen hier die Ebenbildlichkeit des Menschen mit Gott an. Naturrechtler führen die Vernunft an, die das Menschenrecht vorgibt. Allerdings sind im Namen des Christentums und im Namen der Vernunft auch schon viele Menschen ihrer selbst beraubt worden. Zu unterscheiden ist, ob dies gerechtfertigt oder nicht gerechtfertigt passiert. Geschieht es ohne Rechtfertigung, kann diese Handlung Sanktionen nach sich ziehen oder sanktionslos sein.

Gerechtfertigt ist es, einen Menschen in seiner Bewegungsfreiheit einzuschränken, wenn dieser in einem fairen Verfahren zu einer Gefängnisstrafe verurteilt worden ist. Allerdings raubt der Staat diesem Menschen nicht das Eigentum an sich selbst. Das macht er nur dann, wenn er die Todesstrafe vollzieht (Ende der physischen Existenz) oder foltert (Verstoß gegen die Menschenwürde).

Ungerechtfertigt ist es, Menschen als Geiseln zu nehmen, zu versklaven oder zu töten. Dieses Handeln kann dem Täter Sanktionen wie eine Strafe einbringen – vorausgesetzt, es existiert eine unabhängige Justiz –, oder aber sanktionslos sein, wie nach deutschem Recht die Abtreibung. Diese ist rechtswidrig, aber aufgrund der besonderen Konfliktsituation der Mutter bis zum dritten Monat straflos. Manche lösen dieses Problem aber auch damit, dass sie einem Kind, das noch nicht mit eigenen Augen sichtbar ist (sich also noch im Mutterleib befindet), das Menschsein absprechen.

Ein weites Feld. Grundsätzlich gilt: Der Mensch gehört sich selbst. Das sagt uns die Vernunft.

A	Richtig – philosophisch betrachtet.
B	Richtig – juristisch betrachtet.
C	Falsch, auch wenn das einige (national)sozialistische Diktaturen meinten.
D	Nach christlichem Verständnis ist Gott der Schöpfer, aber nicht der Eigentümer. Jeder Mensch ist für sich selbst und seine Taten verantwortlich.

Wem gehört eigentlich

... der Uferweg am schönen Potsdamer Griebnitzsee?

A den Eigentümern der dortigen Seegrundstücke ☐

B dem Eigentümer des Griebnitzsees ☐

C der Stadt Potsdam ☐

D niemandem ☐

Einer der schönsten Uferwege Deutschlands befindet sich am Potsdamer Griebnitzsee. Der See lag zu Zeiten der DDR nah an der deutsch-deutschen Grenze. Weite Strecken des Uferwegs waren für die Allgemeinheit abgesperrt, um eine Flucht über das Wasser zu verhindern. Nach 1989 war der Weg begehbar. Die Menschen nicht nur in Potsdam freuten sich.

Die Grundstücke am See, zu denen jeweils auch ein kleines Stück Uferweg gehört, gingen damals in das Eigentum des Bundes über. Dieser bot die Grundstücke der Stadt Potsdam zum Verkauf an. Der Stadt aber war der Preis zu hoch. Sodann schlugen Privatleute zu und erfüllten sich den Traum von einem malerischen Seegrundstück. Doch zwischen den Häusern und Villen und dem Seeufer befand sich der öffentlich begehbare und sehr beliebte Uferweg.

Eines Tages sperrten die Eigentümer den Uferweg ab, der über ihre Grundstücke führte. «Normale» Potsdamer können seitdem den romantischen Pfad am Griebnitzsee nicht mehr nutzen. Dies ist das Ergebnis eines jahrelangen politischen und juristischen Streits. Beide Seiten waren daran nicht unschuldig. Die Stadt Potsdam und ihre verschiedenen Bürgermeister im Laufe der Jahre verhielten sich ungeschickt. Die Eigentümer wurden schlecht behandelt und machten daraufhin von ihrem Aussperrungsrecht Gebrauch. Ausgesperrt wurden die Potsdamer. Sie sind Verlierer des Streits. Inzwischen wird diskutiert, ob man die Eigentümer enteignen kann. Dann würde der Uferweg wieder allen gehören. Aber das wäre teuer (Entschädigungen!) und langwierig. Die Stadt wäre daher gut beraten, Zwischenlösungen zu finden. Etwa indem man den Spaziergängern eine Durchgangsmöglichkeit mit Stegen über das Wasser schafft. Das wird derzeit verhandelt.

Die bayerische Landesverfassung sagt übrigens (Art. 143 Abs. 3): «Staat und Gemeinden sind berechtigt und verpflichtet, der Allgemeinheit die Zugänge zu Bergen, Seen und Flüssen und sonstigen landschaftlichen Schönheiten freizuhalten und allenfalls durch Einschränkungen des Eigentumsrechtes freizumachen.» Aber auch in Bayern legen die Gerichte die Vorschriften eng aus. Im Grundgesetz ist das Eigentumsrecht gewährleistet. Das hilft auch den Eigentümern am Griebnitzsee. Denn das Grundgesetz geht einer Landesverfassung vor. Auch in Bayern müsste man folglich über eine Enteignung nachdenken.[31]

A	Richtig. Es können aber Enteignungen stattfinden.
B	Falsch.
C	Falsch. Die Stadt kann Grundstücke aber kaufen oder durch Enteignung erhalten.
D	Falsch.

Wem gehört eigentlich

... der Bodensee?

A der Bundesrepublik Deutschland ☐

B der Schweizerischen Eidgenossenschaft ☐

C niemandem ☐

D den drei Staaten Deutschland,
   Schweiz und Österreich gemeinsam ☐

Malerisch, romantisch, reich an Kultur und Natur – die Gegend um den Bodensee ist eine der schönsten in Mitteleuropa. Höhepunkt eines Besuches am Bodensee ist die Blumeninsel Mainau mit ihren Palmen und anderen mediterranen Pflanzen.

Unter der Bezeichnung Bodensee werden die drei im nördlichen Alpenvorland liegenden Gewässereinheiten Obersee, Untersee und Seerhein zusammengefasst. Die Uferlänge beträgt 273 km. Davon liegen 173 km in Deutschland, 72 km in der Schweiz und 28 km in Österreich. Anrainer sind insgesamt drei Schweizer Kantone (Thurgau, St. Gallen und Schaffhausen), das österreichische Bundesland Vorarlberg sowie die deutschen Länder Baden-Württemberg und Bayern. Welchem Staat gehört nun der Bodensee?

Viele Teile des Sees wurden in Verträgen zwischen Anrainerstaaten aufgeteilt. Ein Teil des Obersees ist jedoch die einzige

Gegend in Europa geblieben, bei der zwischen den Nachbarstaaten nie Grenzen festgelegt wurden. Hier gibt es zwei unterschiedliche Rechtsauffassungen, die alle auf Gewohnheitsrecht zurückgeführt werden.

Nach der einen Theorie liegt die Grenze in der Mitte des Sees. Nach einer anderen Theorie ist der Obersee – außerhalb des Uferstreifens – Hoheitsgebiet aller drei Anrainerstaaten. Ein Fachwort gibt es dafür auch: Kondominium, von lateinisch con-dominium, also «gemeinsames Eigentum». Das meint die gemeinschaftlich ausgeübte Herrschaft (über ein Gebiet). Früher waren solche Kondominien relativ häufig in Europa. Heute gibt es sie nur noch selten. In Deutschland gibt es nur noch ein Kondominium. Dieses betrifft die Flüsse Our, Sauer und Mosel auf den Strecken, auf denen sie die Grenze zwischen Deutschland und Luxemburg darstellen. Es erfolgt eine gemeinsame Herrschaftsausübung durch die Bundesrepublik Deutschland und das Großherzogtum Luxemburg über die gesamte Wasserfläche der Mosel mit Ausnahme der Schleusenbauwerke.

Ob der Bodensee das zweite deutsche Kondominium darstellt, ist, wie gesagt, umstritten. Es macht in der Praxis aber auch keinen großen Unterschied. Übrigens, das bekannteste Kondominium in Europa ist seit 1278 der Staat Andorra. Er steht unter Verwaltung des Bischofs von Urgell und des Staatspräsidenten von Frankreich und hat als einziger Staat der Welt zwei Staatsoberhäupter.[32]

A	Falsch, der See gehört nicht einem Land alleine.
B	Falsch, der See gehört nicht einem Land alleine.
C	Falsch.
D	Richtig, umstritten ist nur, wo die Grenze an einem Teil des Sees verläuft.

Wem gehört eigentlich

... das Grundwasser?

A dem Eigentümer des
   darüber liegenden Grundstücks ☐

B der Allgemeinheit ☐

C niemandem ☐

D den städtischen Wasserwerken ☐

Ohne die scheinbar unspektakulären zwei Teile Sauerstoff, gepaart mit einem Teil Wasserstoff wäre Leben auf unserer Erde nicht möglich. Mehr als eine Milliarde Menschen haben keinen Zugang zu sicherem Trinkwasser. Es sterben jährlich mehr Menschen an den Folgen verschmutzten Trinkwassers als im Rahmen von Kriegen. Wir Europäer machen uns den Stellenwert des Wassers nicht mehr bewusst, weil es zu einer Selbstverständlichkeit geworden ist, dass das Wasser fließt, sobald wir den Wasserhahn aufdrehen.

Das Eigentum am Wasser ist sehr weit gefächert. Bundeswasserstraßen wie Rhein, Mosel oder Elbe stehen im Eigentum der Bundesrepublik Deutschland (siehe auch «Wem gehört eigentlich ... der Rhein?»). Ihr gehören darüber hinaus die Küstengewässer. Die Wassergesetze der Länder regeln das Eigentum an den übrigen Gewässern. Dabei fallen die Gesetze in den Bundesländern sehr unterschiedlich aus. Einige Grundstücke verfügen über Brunnen, aus denen man Grundwasser schöpfen kann. Aber gehört den Grundbesitzern dieses Wasser auch wirklich?

Das Eigentum am Wasser ist sehr unübersichtlich geregelt. Die Grundregel ist einfach: Das Grundwasser gehört rein nur formal zu dem Grundstück, das darüber liegt. Das Eigentum eines Grundstückseigentümers erstreckt sich also auf den Erdkörper unter der Oberfläche. Allerdings wird das Eigentum durch verschiedene Gesetze stark eingeschränkt, was dazu führt, dass von dem Eigentum eigentlich gar nichts mehr übrig ist. Man darf sein Eigentum nämlich nicht ausüben, ohne vom Staat dazu die Erlaubnis zu haben. Das steht in den Wassergesetzen der Länder. Im bayerischen Wassergesetz wird beispielsweise klargestellt, dass sich das Eigentum des Grundeigentümers nur auf das oberirdische Wasser bezieht und nicht auch auf das Grundwasser. Das Grundwasser wird damit der Allgemeinheit zugeordnet.[33]

A	Richtig, allerdings wird das Eigentum durch die Wassergesetze stark beschränkt.
B	Richtig, faktisch gehört es der Allgemeinheit.
C	Falsch.
D	Falsch.

Wem gehört eigentlich

... das Erbgut des Panda?

A niemandem ☐

B der Harvard Universität ☐

C der Bayer AG ☐

D dem Genforscher Jun Wang ☐

Die Entschlüsselung des Genoms eines Bären ist besonders schwierig. Beim vom Aussterben bedrohten Pandabär ist Forschern dies zum ersten Mal geglückt. Und zwar in Peking im Beijing Genomics Institute. Seit 2008 versuchte man, dem Erbcode mit Hilfe von leistungsstarken Computerprogrammen auf die Spur zu kommen. Dem gerade einmal 33-jährigen Jun Wang gelang schließlich der Durchbruch. Das Genom des Bären besteht aus über 2,4 Milliarden Basenpaaren und enthält ca. 21 000 Gene. Kann sich Jun Wang seine Entdeckung patentieren lassen?

Das Patentrecht unterscheidet zwischen Entdeckungen und Erfindungen. Während Entdeckungen, also das bloße Vorfinden gewisser Dinge in der Natur, nicht schützbar sind, können Erfindungen patentiert werden. Voraussetzung für eine Erfindung ist, dass ein gewisser technischer Effekt nachgewiesen wird. Man kann also zum Beispiel eine chemische Verbindung an sich nicht schützen, patentierbar ist allerdings dieselbe Verbindung, wenn ein Forscher herausgefunden hat, dass der Stoff als Arzneimittel zur Heilung einer bestimmten Krankheit dienen kann. So ist es auch bei Genen. Sie sind zwar schon in der Natur vorhanden, dienen aber zum Teil der Proteinproduktion und haben daher den erforderlichen technischen Effekt, um patentierbar zu sein.

Jun Wang könnte sich also das Erbgut des Pandas patentieren lassen. Zumindest beim amerikanischen Patentamt ist keine entsprechende Patentanmeldung eingereicht worden. Wenn Jun Wang kein Patent anmeldet, kann es nach ihm niemand mehr tun. Denn ein Patent kann nur auf eine Erfindung erteilt werden, die neu ist, die also auf der ganzen Welt noch nirgendwo beschrieben wurde. Dabei kommt es auf den genauen Zeitpunkt an. Manchmal geht es um Tage. Da Jun Wang die Forschungsergebnisse in der Zeitschrift «Nature» publiziert hat, würde ihm ein Patentamt die Patenterteilung einer später erfolgten Anmeldung verweigern, denn die Erfindung wäre ja nicht mehr neu. Wang würde seine eigene Veröffentlichung zum Verhängnis werden. Denn es ist egal, wer die Erfindung vorher beschrieben hat; es kann sogar der Erfinder selbst sein. Wenn Wang also seine Erfindung nicht beim Patentamt angemeldet hat, gehört das Genom des Pandas niemandem.[34]

A	Richtig.
B	Falsch.
C	Falsch.
D	Falsch. Jun Wang ist zwar derjenige, der das Genom entschlüsselt hat. Ihm gehört es allerdings nur, wenn er dazu vor seiner Veröffentlichung in der Zeitschrift «Nature» ein Patent angemeldet hat und dieses auch erteilt wird.

VI. Hohe Kunst

Wem gehört eigentlich

... die Mona Lisa?

A   den Nachkommen von Leonardo
    da Vinci, die heute nahe Florenz leben ☐

B   dem Louvre ☐

C   dem französischen Staat, da nach der
    Französischen Revolution die Eigentümerstellung
    vom König auf den jeweiligen
    Staatspräsidenten übergegangen ist ☐

D   niemandem ☐

Ein Lächeln verzaubert die Welt. Die «Mona Lisa» des italienischen Malers Leonardo da Vinci ist nach einer Umfrage das bekannteste Bild der Welt. Mona Lisa hat vermutlich auch das berühmteste Gesicht der Welt. Aber weshalb ist gerade dieses Bild so bekannt? Vermutlich wegen seines genialen Erschaffers und aufgrund der Dramatik eines Diebstahls. Gemalt wurde es (oder sollte man besser sagen: sie?) um 1503 von Leonardo da Vinci (1452–1519). Er hatte viele Begabungen, war Maler, Bildhauer, Architekt, Musiker, Anatom, Mechaniker, Ingenieur, Naturphilosoph und Erfinder. Nicht umsonst gilt er als der «Universalmensch» der Renaissance. Leonardo stammte aus «Vinci» – das ist also nicht sein Nachname, sondern sein Herkunftsort. Vinci liegt in der Nähe von Florenz in Italien.

Kurz vor seinem Tod verkaufte Leonardo seine «Mona Lisa» an den französischen König Franz I. (reg. 1515–1547). Dieser bereicherte damit seine königliche Gemäldesammlung. So erreichte das Bild Paris. Nach einer Station in Fontainebleau wurde es nach Versailles gebracht und komplettierte dort die Sammlung von Ludwig XIV. (reg. 1643–1715). Nach der Französischen Revolution gelangte das Bild in den Louvre. Von dort nahm es Napoleon mit und hängte es in sein Schlafzimmer. Nach seinem Tod gelangte es zurück in den Louvre.

Im August 1911 wurde das Bild von einem italienischen Anstreicher gestohlen und nach Italien gebracht. Der Diebstahl blamierte den Louvre zutiefst. Es war *das* Thema auf den Titelseiten der europäischen Zeitungen. Zwei Jahre später tauchte das Bild wieder auf – der Anstreicher wollte es verkaufen. Ein so bekanntes Bild wie die «Mona Lisa» war aber natürlich nicht zu verkaufen! Die Polizei erfuhr daher rasch von der Sache, der Anstreicher kam ins Gefängnis, und das Bild wurde in drei Städten Italiens gezeigt. Italienische Nationalisten wollten die «Mona Lisa» in Italien behalten, doch die italienische Regierung gab das Bild den Franzosen zurück. Dort überstand es seitdem zwei Anschlagsversuche. Während der deutschen Besatzung von Paris wurde es versteckt. Heute ist es nur noch hinter kugelsicherem Panzerglas zu sehen.

A	Falsch, da Leonardo das Werk noch vor seinem Tod verkauft hatte.
B	Richtig.
C	Falsch. Auch wenn Napoleon das Bild «ausgeliehen» hatte, war er nicht Eigentümer. Ebenso wenig sind es seine Nachfolger im Amt des französischen Staatspräsidenten.
D	Falsch.

Wem gehört eigentlich

... Beethovens Neunte?

A   Beethovens Erben ☐

B   niemandem ☐

C   dem Bonner Komponistenverein e. V. ☐

D   dem österreichischen Staat ☐

«Freude schöner Götterfunken ...» – fast jeder kann die berühmte freudige Hymne mitsingen. Sie ist der Schlusschor der letzten vollendeten Sinfonie des großen Komponisten. Er stellte sie im Jahr 1824 in Wien fertig und widmete sie König Friedrich Wilhelm III. von Preußen. Noch im Jahr 1824 folgte die Uraufführung. Dann war der Erfolg des Werkes nicht mehr aufzuhalten. Es folgten Aufführungen rund um den Globus. Noch heute wird die Sinfonie gerne aufgeführt. Vor Einführung der CD war Beethovens Neunte wegen ihrer Länge nur auf zwei Langspielplatten erhältlich. Ende der siebziger Jahre wurde daher die Aufnahmedauer der von Philips und Sony gerade neu auf den Markt gebrachten Compact Disc auf 74 Minuten festgelegt. Angeblich hatte der damalige Sony-Vizepräsident Norio Ohga diese Länge vorgeschlagen, damit sichergestellt sei, dass man Beethovens Neunte anhören könne, ohne die CD zu wechseln.

Werke der Musik sind nach dem deutschen Urheberrechtsgesetz geschützt. Darunter fallen auch Tonfolgen und Melodien, wenn sie eine gewisse schöpferische Höhe erreichen. Dies ist bei Beethovens berühmter Sinfonie zweifellos der Fall. Das Urheberrecht erlischt heute 70 Jahre nach dem Tod des Urhebers. Da Beethoven 1773 starb, wäre seine Sinfonie seit 1843 ohne Schutz. Damit kann sie jedermann frei benutzen, selbst in der Öffentlichkeit oder in der Werbung. Diese Analyse ist allerdings nicht ganz richtig, denn das erste gesamtdeutsche Urheberrechtsgesetz, es hieß noch «Gesetz betreffend das Urheberrecht an Werken der Literatur und der Tonkunst», war zum Zeitpunkt des Todes von Ludwig van Beethoven noch nicht in Kraft. Es galt erst seit dem 1. Januar 1902 und gewährte dem Urheber und dessen Erben Schutz bis 30 Jahre nach dem Tod des Urhebers. Seit 1803 (1773+30) ist Beethovens Neunte damit gemeinfrei.

Für Europa spielt die Melodie des Schlusschors eine ganz besondere Rolle. Sie wurde nämlich 1985 zur offiziellen Hymne der Europäischen Gemeinschaft bestimmt. Der Text findet seinen Ursprung in der Aufklärung. Beethoven hat Friedrich Schillers Ode «An die Freude» verarbeitet. Beethovens Neunte gehört niemandem und kann von uns allen frei verwendet werden.[35]

A	Falsch.
B	Richtig.
C	Falsch.
D	Falsch, auch wenn Beethoven lange in Wien gelebt hat.

Wem gehört eigentlich

... der Kölner Dom?

A dem Bischof von Köln ☐

B dem Vatikan ☐

C der Hohen Domkirche zu Köln ☐

D niemandem ☐

Der Kölner Dom ist etwas Außergewöhnliches. Das gilt nicht nur für seine Höhe: Mit über 157 Metern ist er das dritthöchste Kirchengebäude der Welt – und das zweithöchste in Europa (nach dem Ulmer Münster). Auch seine Größe ist imposant. Der Kölner Dom ist die weltweit drittgrößte Kathedrale im gotischen Baustil, nach der Kathedrale von Sevilla und dem Mailänder Dom. Und schließlich sind die Eigentumsverhältnisse spannend. Der Kölner Dom gehört der «Hohen Domkirche zu Köln», das ist eine juristische Person des öffentlichen Rechts. Da diese Hohe Domkirche nicht selbst öffentlich auftreten kann, um zum Beispiel unliebsame Besucher des Doms zu verweisen, lässt sie sich vom Metropolitankapitel, auch Domkapitel genannt, vertreten. Im Grundbuch der Stadt Köln heißt es heute zu der Eigentümerstellung wörtlich: «Hohe Domkirche (vertreten durch das Metropolitankapitel) in Köln».

Was ist das Domkapitel? Es ist das leitende Gremium an katholischen Bischofskirchen und besteht aus dazu erwählten

Geistlichen. Auch in Köln gibt es dieses Domkapitel. Es vertritt also die Hohe Domkirche im Rechtsverkehr und nimmt das Hausrecht wahr. Also haben weder der Bischof noch der Oberbürgermeister oder gar der Vatikan das Hausrecht.

Das führt zu kuriosen Situationen. So wurde das berühmte, wie ein farbenfrohes Mosaik aussehende und von dem bekannten deutschen Künstler Gerhard Richter 2007 erstellte Südquerhausfenster vom Kölner Erzbischof Joachim Kardinal Meisner heftig abgelehnt. Dass das Fenster trotzdem in den Dom eingebaut wurde, hat damit zu tun, dass er nicht Eigentümer des Doms ist. Wäre er doch besser Bischof in Bamberg, München oder Speyer geworden.[36]

A	Falsch. Gerade in Köln ist das nicht so – zum Leidwesen des dortigen Bischofs.
B	Falsch, dem Vatikan gehören keine Dome in Deutschland.
C	Richtig.
D	Falsch.

Wem gehört eigentlich

... die 1999 gefundene, 3600 Jahre alte Himmelsscheibe von Nebra?

A   den Entdeckern Henry Westphal und Mario Renner zu gleichen Teilen ☐

B   dem Eigentümer des Grundstücks, auf dem der Fund gemacht wurde ☐

C   niemandem ☐

D   dem Land Sachsen-Anhalt ☐

1999 wurde in Nebra in Sachsen-Anhalt ein spektakulärer Fund gemacht. Zwei Raubgräber, Henry Westphal und Mario Renner, entdeckten eine Metallplatte aus der Bronzezeit mit Goldapplikationen. Sie wurde etwa 1600 vor Christus in der Bronzezeit von den Kelten gefertigt und zeigt die erste bekannte menschliche Darstellung des Firmaments. Ein Schlüsselfund für die europäische Vorgeschichte, die Astronomiegeschichte und frühe Religionsgeschichte. Auf der Scheibe sind auf hauchdünnem Gold insgesamt 32 Sterne dargestellt, die von großer Bedeutung für Ackerbau und Schifffahrt waren. Der Wert der

Scheibe ist unschätzbar, sie ist mit ca. 100 Millionen Euro versichert.

Das Bürgerliche Gesetzbuch enthält eine Regelung, wer das Eigentum bei der Entdeckung archäologischer Funde erwirbt: «Wird eine Sache, die so lange verborgen gelegen hat, dass der Eigentümer nicht mehr zu ermitteln ist (Schatz), entdeckt und infolge der Entdeckung in Besitz genommen, so wird das Eigentum zur Hälfte von dem Entdecker, zur Hälfte von dem Eigentümer der Sache erworben, in welcher der Schatz verborgen war.» Der Eigentümer des Grundstücks, auf dem die Sache gefunden wird, teilt sich das Eigentum also mit dem Finder. Dieses Prinzip, auch als Hadrianische Teilung bezeichnet, geht auf Kaiser Hadrian zurück und galt bereits im römischen Gesetzbuch corpus iuris civilis aus dem Jahr 533 n. Chr. Bei unserer Himmelsscheibe lief das aber anders; es gab keine Hadrianische Teilung. Das Denkmalschutzgesetz des Landes Sachsen-Anhalt sieht nämlich vor, dass verborgene Funde mit der Entdeckung Eigentum des Landes werden, sogenanntes Schatzregal. Eine solche Regelung gibt es in allen Bundesländern, mit Ausnahme von Hessen, Bayern und Nordrhein-Westfalen. Die Entdecker Westphal und Renner konnten also weder Eigentum an der Scheibe erwerben, noch durch deren Veräußerung anderen rechtmäßig Eigentum verschaffen. Eigentümer war immer das Land Sachsen-Anhalt. Seit 2002 gehört die Himmelsscheibe von Nebra daher zum Bestand des Landesmuseums für Vorgeschichte Sachsen-Anhalt in Halle an der Saale.[37]

A	Falsch, die beiden haben die Scheibe zwar entdeckt, konnten wegen des Schatzregals im Denkmalschutzgesetz von Sachsen-Anhalt aber kein Eigentum erwerben.
B	Falsch. Auch für den Grundstückseigentümer gilt das Schatzregal.
C	Falsch.
D	Richtig.

Wem gehört eigentlich

... Graffiti auf der Berliner Mauer?

A der Bundesrepublik Deutschland ☐

B der Deutschen Demokratischen Republik ☐

C den Graffitikünstlern ☐

D niemandem ☐

Bei den Mauergraffiti kreuzen sich zwei Formen des Eigentums. Das Eigentum an der Mauer und das Eigentum an den Graffiti. Da die Berliner Mauer fest mit dem Boden verbunden war, richtet sich das Eigentum danach, wem das Grundstück gehörte, auf dem die Mauer stand. Obwohl die Mauer von Westberlin aus zugänglich war, befand sie sich auf dem Gebiet der DDR. Das hielt West-Berliner Künstler natürlich nicht davon ab, die Westseite der Mauer mit Graffitikunst zu besprühen. Anfangs wurden die Grenztruppen der DDR noch tätig, um die Graffiti zu entfernen, später ließ man die Künstler gewähren. 1984 fand sogar ein offizieller Malwettbewerb unter Beteiligung internationaler Künstler auf West-Berliner Seite statt.

Das Urheberrecht an künstlerischen Graffiti entsteht automatisch mit dem Zeitpunkt, in dem der Künstler sein Werk vollendet hat. Es ist also nicht – wie manchmal irrtümlich behauptet wird – eine Registrierung notwendig. Interessanterweise entsteht das Urheberrecht unabhängig davon, ob dem Künstler die Mauer gehört oder nicht. Die Graffiti scheinen dann also dem Künstler zu gehören. Muss man aber nicht bedenken, ob das auch nach dem Recht der DDR so war? Nein, denn deutsche Staatsangehörige genießen den urheberrechtlichen Schutz für alle ihre Werke, egal wo sie geschaffen und veröffentlicht worden sind.

Der Künstler hat also selbst dann das Urheberrecht an seinen Graffiti, wenn es sich auf fremdem Eigentum befindet. Das wird allerdings mit einem juristischen Kunstgriff wieder zurechtgerückt. Eine Einschränkung hat der Urheber dann hinzunehmen, wenn bei der Herstellung des Werkes eine Straftat begangen wird, z. B. eine Sachbeschädigung. Die Eigentumsgarantie geht also der Kunstfreiheit vor. Da durch den Einigungsvertrag die Bundesrepublik Deutschland Eigentümerin der Mauergrundstücke wurde, hat sie das Recht, ihr Eigentum zu zerstören und damit auch die Graffiti. Sie durfte aber nicht Mauerstücke mit Graffiti verkaufen oder die Graffiti verändern, ohne die Künstler vorher um Zustimmung zu bitten.[38]

A	Falsch. Der Bundesrepublik Deutschland gehört zwar die Berliner Mauer, aber nicht die künstlerischen Graffiti, die auf ihr aufgesprüht sind.
B	Falsch.
C	Richtig.
D	Falsch.

Wem gehört eigentlich

... das seit 1945 verschollene Bernsteinzimmer?

A der Bundesrepublik Deutschland ☐

B niemandem ☐

C Russland ☐

D dem Finder ☐

Das ursprüngliche Bernsteinzimmer ist sagenumwoben – allerdings erst seit seinem Verschwinden in den letzten Tagen des Zweiten Weltkriegs. Niemand weiß, wo es sich befindet. Das legendäre Zimmer, heutiger Wert mindestens 125 Millionen Euro, war ein Geschenk des preußischen Königs Friedrich Wilhelm I. an den russischen Zaren Peter den Großen im Jahre 1716. Zunächst befand es sich im Katharinenpalast bei Sankt Petersburg, ab 1941 war es – von den Nazis geraubt – im Königsberger Schloss ausgestellt. Nachdem es 1944 im Schloss gebrannt hatte, wurde das Zimmer abmontiert und in Kisten verbracht. Im Jahre 1945 gab es englische Luftangriffe auf Königsberg. Seitdem ist das Zimmer verschollen.

Allerdings nicht das ganze Zimmer. Einige Stücke des Bernsteinzimmers wurden in den vierziger Jahren gestohlen. Welche genau, ist ungewiss. Sicher ist nur, dass eine Kommode und ein Steinmosaik 1997 in Deutschland gefunden wurden. Diese letzten beiden Originalteile des Bernsteinzimmers gab die Bundesregierung an Russland zurück.

Wo könnte sich das Bernsteinzimmer heute befinden? Vermutlich ist es verbrannt. Nicht auszuschließen ist aber auch, dass sich noch Kisten in den ausgedehnten Kellergewölben des Königsberger Schlosses befinden. Die wurden allerdings zum Teil gesprengt und sind deshalb nicht komplett begehbar. Andere Forscher glauben, dass die Nazis die Kisten in den letzten Stunden vor dem Einmarsch der Alliierten aus Königsberg herausgeflogen haben. Sie könnten heute in Wustrow (Mecklenburg-Vorpommern), in einem mittelalterlichen Bergwerk im Poppenwald im Landkreis Aue-Schwarzenberg oder aber im Dorf Schwarzort in Litauen liegen. Oder sie sind auf ein Schiff oder U-Boot gelangt, das dann in der Ostsee gesunken ist.

Bernstein besteht aus 50 Millionen Jahre alten Baumharztropfen und ist daher extrem haltbar. Wenn das Zimmer nicht verbrannt ist, wird es noch irgendwo liegen. Nach den Regelungen zum «Schatzfund» im deutschen Bürgerlichen Gesetzbuch erwirbt der Finder eines Schatzes die Hälfte des Eigentums daran (die andere Hälfte erwirbt derjenige, auf dessen Grundstück der Schatz gefunden wurde). Das gilt aber nur, wenn der Eigentümer nicht mehr zu ermitteln ist.

Eines ist aber gewiss: Das Bernsteinzimmer gehört, wo immer es liegt, Russland.

A	Falsch. Deutschland akzeptiert, dass Russland der Eigentümer ist, da es Russland auch einige aufgefundene Originalteile zurückgegeben hat.
B	Falsch.
C	Richtig.
D	Falsch, da bekannt ist, wem der Schatz gehört, fällt er nicht an den Finder (jedenfalls nach deutschem Recht).

Wem gehört eigentlich

... die Fußball-Bundesliga der Männer?

A   dem Deutschen Fußball-Bund (DFB)   ☐

B   dem Deutschen Fußball-Bund (DFB) und dem Ligaverband (DFL) gemeinsam   ☐

C   Franz Beckenbauer   ☐

D   niemandem   ☐

Zwischen Freitag und Sonntag erfreuen sich Millionen Deutsche jedes Wochenende an der Fußball-Bundesliga der Männer (obwohl die Frauen international deutlich erfolgreicher sind). Es geht um viel Spaß, Sport und Spannung, aber auch um Millionenbeträge, die zwischen dem Ligaverband, den Vereinen, den Spielern und den Fernsehanstalten fließen.

Das Konstrukt hinter der Bundesliga ist kompliziert. Da gibt es die Profi-Bundesligavereine, die meist nach den Orten ihrer Stadien benannt sind, also zum Beispiel Dortmund, Bremen, Köln oder München. Diese Profi-Bundesligavereine haben Kapitalgesellschaften, zum Beispiel der BVB e. V. die «Borussia Dortmund GmbH & Co. KGaA». KGaA bedeutet Kommanditgesellschaft auf Aktien. Der Begriff «Kapital» deutet schon an, dass es hier um Geld – viel Geld – geht. Geld regiert die Welt, aber beim Fußball soll es Grenzen geben. Dafür wurde die sogenannte «50 plus 1»-Regel erfunden. Danach ist es Kapitalanlegern nicht erlaubt, die Mehrheit bei einer Fußballclub-Kapitalgesellschaft zu übernehmen. Der Verein, wie der BVB e. V., muss Mehrheitseigentümer bleiben. In England ist das ganz anders. Da kaufen sich Millionäre Sportmannschaften.

Die Kapitalgesellschaften der Vereine haben sich zu einem Verband namens «Die Liga – Fußballverband e. V.» zusammengeschlossen, meist als «Ligaverband» bezeichnet. Der Ligaverband selbst wird aber nicht operativ aktiv. Er hat sein Geschäft seiner hundertprozentigen Tochter DFL, das heißt: Deutsche Fußball Liga GmbH, übertragen. Der Ligaverband veranstaltet gemeinsam mit dem Deutschen Fußballbund (DFB), dem Verband von rund 26 000 Vereinen und 6,5 Millionen Mitgliedern, die Fußball-Bundesliga. Ligaverband und DFB haben in ihre Satzungen die «50 plus 1»-Regel aufgenommen, sie ist allerdings nicht unumstritten.

Wem gehört aber nun die Liga? Der Ligaverband vermarktet die 1. und 2. Bundesliga, indem er die Übertragungsrechte für Fernsehen, Hörfunk und Internet verkauft. Dafür bekommt er sehr viel Geld. Das war nicht immer so. Bis zur Saison 2004/05 war der DFB alleiniger Veranstalter der Bundesliga der Männer. Nun teilen sich DFB und DFL diese Aufgabe. Man kann sie damit als gemeinsame «Eigentümer» betrachten.[39]

A	Bis zur Saison 2004/05 war der DFB alleiniger Veranstalter der Bundesliga.
B	Richtig.
C	Falsch. Er ist Vizepräsident des DFB, lebt aber in Tirol (Österreich).
D	Falsch.

VII. Momentaufnahmen

Wem gehört eigentlich

... das Internet?

A niemandem ☐

B der amerikanischen ICANN ☐

C den Vereinigten Staaten von Amerika ☐

D den Internetnutzern ☐

Das Internet hat seine Wurzeln im militärischen Bereich. Die USA wollten zu Zeiten des Kalten Krieges ein System entwickeln, das auch dann noch funktioniert, wenn die Zentrale ausgeschaltet wird. So entstand die Idee des dezentralen Netzes. Da durch das Internet alle Rechner miteinander verbunden sind, bahnt sich eine Nachricht auch dann einen Weg, wenn ein Rechner einmal ausfällt. Das ist auch der Grund, warum von zwei E-Mails die später abgesandte den Empfänger früher erreichen kann. Die erste hat dann einfach einen längeren Weg genommen.

Ein Teil des Internet ist das World Wide Web (WWW). Dieses WWW ging 1991 über das CERN in Genf ans Netz. Das WWW besteht aus ganz vielen Teilen. Die Telefonnetze sind ein Teil davon, weil das die «Autobahn» ist, auf der die Daten verschickt werden. Die Inhalte des Internet werden unter bestimmten Adressen (IP-Adressen) hinterlegt. Und damit man nicht immer zehnstellige Nummern der IP-Adressen in seinen Browser eingeben muss, wurden die Domainnamen erfunden (z. B. spiegel.de). Die Daten, die die Benutzer über das Internet von den Seiten abrufen können, sind auf großen Computern gespeichert. Dieser Speicherplatz (Webspace) wird in der Regel von Dienstleistern vermietet.

Das beantwortet also schon einen Teil der Frage. «Das» Internet gibt es gar nicht. Es ist ein Sammelbegriff für ein dezentrales System, bei dem man von einem beliebigen Ort auf Daten zugreifen kann. Dass das Internet insgesamt nicht jemand Bestimmtem gehört, zeigt sich daran, dass niemand die Macht hat, das Internet sofort «abzustellen». Und das ist ja auch gerade die Idee, die dahinter steht. Man muss sich also fragen, wem die einzelnen Teile des Internet gehören, also z. B. die Domain oder der Webspace (dem Dienstleister, der Eigentümer der Festplatten ist). Die Inhalte auf den Internetseiten (Bilder, Texte, Musik) gehören hingegen den Urhebern dieser Werke.

A	Richtig bzw. am ehesten richtig. Das Internet als Ganzes gehört niemandem, auch wenn einzelne Teile bestimmten Unternehmen gehören.
B	Falsch. Die ICANN (Internet Corporation for Assigned Names and Numbers) ist die amerikanische Behörde, die die Registrierung von Domainnamen vornimmt. Sie ist z. B. zuständig für Domains mit den Endungen .com, .net, .org und .info. Weil Domains aber nur ein Teil des Internets sind, kann man nicht sagen, dass das Internet der ICANN gehört.
C	Falsch. Das Internet wurde zwar in den USA erfunden, und der amerikanischen Regierung wird immer wieder vorgeworfen, dass sie über die ICANN Einfluss auf die Regeln des Internet ausübt. Das Internet gehört ihr aber nicht.
D	Falsch. Nur weil die Internetsurfer das Internet nutzen dürfen, heißt das natürlich noch lange nicht, dass es ihnen gehört.

Wem gehört eigentlich

... die Filmaufnahme von der Ermordung John F. Kennedys?

A niemandem ☐

B dem amerikanischen Staat ☐

C dem amerikanischen Magazin Life ☐

D den Erben von Abraham Zapruder ☐

Der Hobbyfilmer Abraham Zapruder hielt am 22. November 1963 in Dallas mit seiner Super-8-Kamera zufällig den Moment fest, in dem der Präsident von der Kugel des Mörders getroffen wurde. Richard B. Stolley, der Chef des Büros des Magazins «Life» in Los Angeles, kontaktierte als erster Journalist Abraham Zapruder und kaufte dessen Film für «Life» für 150 000 US-Dollar. Kurz darauf, also noch im Jahr 1963, wurden Filmteile im Magazin abgedruckt – aber nicht das Foto, das den tödlichen Einschlag der Kugel im Kopf des Präsidenten zeigt. Der Abdruck der Momentaufnahme des Kopftreffers erfolgte 1964. «Life» weigerte sich indessen, die Filmaufnahmen zu vertreiben, da ein solches Gebaren geschmacklos sei. Lediglich der Warren-Kommission und dem Secret Service wurden Kopien überlassen. Eine unautorisierte Kopie der Filmaufnahme wurde zum ersten Mal am 6. März 1975 im US-amerikanischen Fernsehen gezeigt, nämlich in Geraldo Riveras Talkshow «Good Night America». Im April 1975 übertrug «Life» die Rechte zurück an Abraham Zapruders Erben zum symbolischen Preis von einem US-Dollar.

Durch den Erlass des JFK Assassination Records Collection Act wurde die Regierung ermächtigt, entscheidende Beweisstücke des Mordes an John F. Kennedy zu beschlagnahmen. Am 1. August 1998 wurde daraufhin Zapruders Film beschlagnahmt. Die Erben Zapruders erhielten eine Entschädigung von mehreren Millionen US-Dollar.[40]

A	Falsch.
B	Richtig.
C	Falsch, das Magazin war zwischenzeitlich Rechteinhaber.
D	Falsch, die Erben waren jedoch zwischen der Rückübertragung der Rechte 1975 und dem enteignenden Gesetz im Jahr 1992 Inhaber der Rechte.

Wem gehört eigentlich

... das Konterfei von James Dean?

A den Erben von James Dean,
   vertreten durch die Curtis Management Group ☐

B niemandem ☐

C Warner Brothers Inc. ☐

D dem amerikanischen Staat ☐

James Dean lebt. Sein Konterfei ist unvergesslich. Dabei hat er in seinem Leben in nur drei Filmen die Hauptrolle gespielt – «Jenseits von Eden», «... denn sie wissen nicht, was sie tun» und «Giganten». Mit Merchandisingwaren wie Bettwäsche, Tassen, Tellern, T-Shirts etc. erwirtschaftet James Dean jährlich noch einen Umsatz von ca. fünf Millionen US-Dollar. Dabei haben es die Erben von James Dean gar nicht so leicht. In jedem Land sind die Rechte Verstobener an der Persönlichkeit, das so genannte postmortale Persönlichkeitsrecht, anders ausgestaltet. In den USA unterscheidet es sich sogar von Bundesstaat zu Bundesstaat. Während der Staat New York wegen der starken Verlagslobby gar kein postmortales Persönlichkeitsrecht anerkennt, besteht in Indiana 100 Jahre Schutz.

Die Erben von James Dean haben eine perfekte Marketingmaschinerie aufgebaut, die von dem amerikanischen Anwalt Mark Roesler und seinem Unternehmen Curtis Management Group gesteuert wird. Bis dahin war es ein langer Weg. Warner Brothers verklagte die Erben von James Dean auf 90 Millionen US-Dollar Schadensersatz mit der Begründung, dass nicht ihnen, sondern Warner Brothers die Rechte an James Dean exklusiv zustünden. Warner argumentierte so: In dem Standardvertrag, den der Schauspieler mit Warner seinerzeit abgeschlossen hat, habe er auch zu Lebzeiten die gesamten Vermarktungsrechte an seiner Persönlichkeit übertragen. Anders als in Deutschland ist es in den USA nämlich möglich, noch zu Lebzeiten alle Rechte an seiner Persönlichkeit wie eine Ware zu verkaufen. Warner verlor den Prozess und das Gericht entschied, dass die Vermarktungsrechte bei den Erben liegen.[41]

A	Richtig.
B	Falsch.
C	Warner Brothers Inc. hat hart um die Rechte gekämpft, den Prozess jedoch verloren.
D	Falsch.

Wem gehört eigentlich

... www. bundeskanzlerin.de?

A   Angela Merkel privat ☐

B   der CDU ☐

C   dem Staat in Person von Thomas Kluth vom Presse- und Informationsamt der Bundesregierung ☐

D   niemandem ☐

Die Domain www.bundeskanzlerin.de hat sich der PR-Berater Lars Mischa Heitmüller aus Berlin 1998, damals noch Student, «treuhänderisch» gesichert. Nach dem first-come-first-serve-Prinzip erhielt Heitmüller den Zuschlag. Er setzt sich seit längerem dafür ein, dass in Deutschland auch Frauen in höchste Staatsämter einziehen. Die Bundesregierung hatte es schlicht und einfach versäumt, sich die Seite zu sichern. Bundeskanzler Gerhard Schröder hatte sich wohl nicht träumen lassen, dass ihm einmal eine Frau im Amt folgen würde. Deshalb hatte der Staat auch nur die Domain www.bundeskanzler.de reserviert. Das ist auch die offizielle Amtsbezeichnung im Grundgesetz. So heißt es in Artikel 63 Absatz 1: «Der Bundeskanzler wird auf Vorschlag des Bundespräsidenten vom Bundestag ohne Aussprache gewählt.»

Nach der Wahl von Angela Merkel zeigte sich Heitmüller kooperationsbereit und überließ Frau Merkel die Domain ohne Bedingungen. Sie wird vom Presse- und Informationsamt der Bundesregierung betreut. Da eine natürliche Person als Verantwortlicher eingetragen sein muss, ist der Name des Mitarbeiters Thomas Kluth angegeben. Inzwischen präsentiert sich Angela Merkel unter www.bundeskanzlerin.de.

Übrigens hat Heitmüller noch eine weitere Domain im Gepäck: www.bundespraesidentin.de.

A	Falsch. Privat ist Angela Merkel unter www.angela-merkel.de zu finden.
B	Falsch, die Domain gehört dem Staat, nicht einer Partei. Die CDU ist unter www.cdu.de zu finden.
C	Richtig.
D	Falsch.

Wem gehört eigentlich

... der Kölner Dom in der Online-Welt «Second Life»?

A dem Spieler, der das Gebäude erstellt hat ▢

B dem Betreiber des Spiels Linden Research Inc. ▢

C niemandem, da es ihn gar nicht wirklich gibt ▢

D der amerikanischen Regierung als oberster Aufsichtsbehörde über das Internet ▢

Online-Welten wie «Second Life» sind noch relativ neu. Manche Menschen investieren viel Zeit darin. Sie legen sich eine Spielfigur zu und passen diese an ihren individuellen Geschmack an – etwa durch bestimmte Kleidung. Sie können Gegenstände erstellen und Bauwerke auf virtuellen Grundstücken errichten. Da die meisten Menschen nicht über die Kenntnisse verfügen, Kleidungsstücke, Gebäude und andere Sachen selbst zu programmieren, kaufen sie sie bei anderen. Gegen Kreditkartenzahlung gibt es dann alle Konsumgüter für ein zweites – virtuelles – Leben. Der Betreiber von «Second Life», das Unternehmen Linden Research Inc., auch Linden Lab genannt, könnte diese virtuelle Welt relativ einfach auslöschen, wenn er das gesamte Programm abschalten würde. Etwa wenn sich das Ganze finanziell nicht mehr lohnt oder er einfach keine Lust mehr hat. Aber darf er das überhaupt?

Die Juristen streiten sich darüber, ob der Spieler, der virtuelle Gegenstände gekauft hat, daran wirklich Eigentum erworben hat. Einer dieser Fälle landete schon vor Gericht. Eine Programmiererin hatte in «Second Life» eine virtuelle Kopie des Kölner Doms erstellt. Das Landgericht Köln vertrat die Auffassung, dass auch im virtuellen Raum der Online-Plattform urheberrechtlich geschützte Werke entstehen können, wenn es sich um persönliche geistige Schöpfungen handelt. Dabei muss der ästhetische Gehalt jedoch einen solchen Grad (die sog. Schöpfungshöhe) erreichen, dass man von einer künstlerischen Leistung sprechen kann. Im konkreten Fall wurde dies allerdings verneint, da die Programmiererin nicht die Oberflächen in Form von geometrischen Körpern des virtuellen Doms erstellt hatte, nur die Texturen, auf denen Bildmaterial des Doms aufgebracht wurde.

Wie aber ist die Rechtsstellung des Betreibers von «Second Life»? Maßgeblich sind die Nutzungsbedingungen des Vertrags zwischen Linden Lab und den Spielern. Tatsächlich gestehen die Allgemeinen Geschäftsbedingungen dem erstellenden Nutzer Urheberrechte an seinen virtuellen Produkten zu. Er kann also das Nutzungsrecht an virtuellen Gütern auch an andere Spieler übertragen. Linden Lab hat allerdings einen Trumpf im Ärmel. In den Nutzungsbedingungen steht auch, dass das Unternehmen den Service jederzeit einstellen kann. Und so laufen Schadensersatzforderungen ins Leere.[42]

A	Falsch. Es können zwar Urheberrechte entstehen, im konkreten Fall war die Schöpfungshöhe indes nicht ausreichend, um ein Urheberrecht zu begründen.
B	Falsch. Auch der Betreiber hat kein Eigentum an den Gebäuden. Er kann allerdings nach den Nutzungsbedingungen seinen Service jederzeit ganz oder teilweise einstellen. Eigentum würde bedeuten, er kann damit verfahren, wie er will. Das darf er aber nicht. Es gelten die Verträge mit den Spielern.
C	Richtig, da kein Urheberrecht besteht. Den Kölner Dom in «Second Life» darf man trotzdem nicht kopieren, da man sonst das Urheberrecht an den verwendeten Fotos verletzen würde.
D	Falsch. Die amerikanische Regierung ist nicht die Aufsichtsbehörde des Internets. Jedenfalls nicht offiziell.

Wem gehört eigentlich

... Ebay?

A Pierre Omidyar ☐

B Larry Page ☐

C niemandem ☐

D den Aktionären ☐

Als es in Deutschland gerade einmal 250 000 Internetnutzer gab, ging in den USA die Seite AuctionWeb online, die ein 28-jähriger Amerikaner iranischer Abstammung programmiert hatte. Er hatte die Idee, im Internet einen Flohmarkt nach dem Vorbild einer Auktion zu veranstalten. Einer Legende nach hat Pierre Omidyar das Portal für eine Bekannte entwickelt, da diese eine leidenschaftliche Sammlerin von PEZ-Figuren war und sie so über das Internet Figuren von anderen Sammlern erwerben konnte. In Wirklichkeit entdeckte Omidyar das Potenzial seiner Idee, als über AuctionWeb ein defekter Laserpointer für knapp 15 Dollar den Eigentümer wechselte. Als sich Pierre Omidyar bei dem Käufer erkundigte, ob er sich bewusst gewesen sei, ein defektes Gerät zu ersteigern, erhielt er folgende Antwort: «Klar, ich sammle nämlich defekte Laserpointer.»

Von da an war dem Gründer bewusst, dass er eine bahnbrechende Idee gehabt hatte. 1997 änderte AuctionWeb seinen

Namen in Ebay, einer Abkürzung für Echo Bay Technology Group, das Beratungsunternehmen, das Omidyar seinerzeit nebenbei betrieb. In Deutschland beobachteten sechs Endzwanziger die Entwicklung von Ebay genau und brachten das Konzept nach Deutschland, indem sie 1999 das Unternehmen alando.de gründeten und binnen weniger Monate zum Marktführer der Internetauktionsplattformen machten. Nur sechs Monate nach dem Start erhielten die Gründer von alando.de das Angebot, ihr Unternehmen für 43 Millionen US-Dollar an Ebay zu verkaufen. Sie gingen darauf ein und bezeichneten diesen Schritt später als den größten Fehler ihres Lebens. Drei der alando-Gründer bauten kurz darauf das Unternehmen Jamba auf, um mit Klingeltönen noch reicher zu werden.

Aber zurück zu Ebay. Pierre Omidyar ging mit dem Unternehmen im Jahr 1998 an die Börse. Als börsennotiertes Unternehmen gehört Ebay den Aktionären.[43]

A	Falsch, Pierre Omidyar war zwar der Gründer, er hat das Unternehmen aber durch den Börsengang an die Aktionäre veräußert.
B	Falsch, Larry Page ist einer der Gründer von Google.
C	Falsch.
D	Richtig.

Wem gehört eigentlich

... Twitter?

A Twitter Inc. ☐

B Jeff Bezos ☐

C Odeo ☐

D niemandem ☐

Bevor offiziell bekannt wird, dass Horst Köhler für eine zweite Amtszeit als Bundespräsident gewählt ist, erfährt es die Internetgemeinde durch die Bundestagsabgeordnete Julia Klöckner. Die rheinland-pfälzische Nachwuchspolitikerin schickt zwei Nachrichten über den Kurznachrichtendienst Twitter: «Leute, Ihr könnt in Ruhe Fußball gucke. Wahlgang hat geklappt!» und «Bundes-Hotte hält Dankes/Antrittsrede – toll!!!!».

Ob ein einzelner Tweet urheberrechtlich geschützt ist und damit dem Sendenden gehört, ist in der Juristerei umstritten. In der Regel wird die Nachricht nicht die erforderliche Schöpfungshöhe aufweisen. Daher kann man Tweets unbesorgt weitersenden («ReTweet»), ein Tweet gehört niemandem. In Deutschland hat Twitter nicht nur die Herzen der Jugend erobert. Auf beschränktem Raum von 140 Zeichen, einem «Tweet», kann jede erdenkliche Nachricht gesendet werden und erscheint in einer Art öffentlichem Tagebuch im Internet.

Die Beschränkung auf 140 Zeichen hat seine Ursache darin, dass früher die Nachrichten per SMS verschickt wurden und SMS-Nachrichten auf 160 Zeichen beschränkt sind. Twitter hat 20 Zeichen für den Benutzernamen reserviert und die restlichen 140 Zeichen den Nutzern zur Verfügung gestellt. Auch wenn Twitter heute aus Kostengründen nicht mehr weltweit über SMS versandt wird, ist die Begrenzung auf 140 Zeichen bestehen geblieben.

Als Jack Dorsey anlässlich einer Preisverleihung an Twitter eine Dankesrede halten soll, beschränkt er sich auf einen Satz: «We'd like to thank you in 140 characters or less. And we just did!»« DAX-Konzerne twittern Werbebotschaften, und Partygänger berichten über ihren Kater – alles ist erlaubt. Das Twitter-System beruht darauf, dass man die Nachrichten anderer Benutzer abonnieren und deren «follower» werden kann.

Entwickelt wurde der Kurznachrichtendienst im Jahr 2006 in San Francisco von Biz Stone, Jack Dorsey und Evan Williams im Rahmen des Unternehmens Obvious LLC. 2007 wurde für Twitter ein eigenes Unternehmen gegründet, die Twitter Inc.

2010 stagniert der Boom. Nun soll ein Börsengang die Finanzmittel bringen, um zu verhindern, dass Twitter nur eine kurze Episode des «Web 2.0»-Zeitalters wird. So kurz wie die zweite Amtszeit von Bundespräsident Horst Köhler.

A	Richtig, seit 2007 wurde der Dienst in die Twitter Inc. ausgegliedert.
B	Falsch. Jeff Bezos, der Gründer von Amazon.com, ist an Twitter aber über sein Unternehmen Bezos Expeditions beteiligt.
C	Falsch, im Unternehmen Odeo entstand die Idee von Twitter. Jack Dorsley und seine Geschäftspartner kauften das Konzept, als sie Odeo verließen, um ihre eigene Firma Obvious LLC zu gründen.
D	Falsch.

Wem gehört eigentlich

... der persönliche Nachlass von Adolf Hitler?

A   dem Freistaat Bayern   ☐

B   niemandem   ☐

C   den nächsten Verwandten Hitlers, zwei Neffen, die heute unter anderem Namen in den USA leben   ☐

D   Es gibt keinen Nachlass, es wurde alles eingezogen, um die Opfer zu entschädigen   ☐

Drei Jahre nach dem Selbstmord Hitlers, anno 1948, hat ein Münchner Gericht die Einziehung von Hitlers gesamtem Vermögen verfügt und dem bayerischen Staat zugeschlagen. Vornehmlich ging es um den Gebäudekomplex Obersalzberg sowie das Haus Nr 16 am Münchner Prinzregentenplatz, das Hitler gehörte und wo er im zweiten Stock eine Privatwohnung unterhielt. Hitlers Soldbuch aus dem Ersten Weltkrieg, sein Waffenschein und sein österreichischer Reisepass liegen heute in einem grauen, etwa 40 Zentimeter langen Pappkarton, der in einem Tresor im Bayerischen Hauptstaatsarchiv München aufbewahrt wird. Die

Unterlagen wurden 1950 bei Hitlers Haushälterin Anny Winter gefunden.

Auch die Rechte an Hitlers «Mein Kampf» sprach das Gericht dem Freistaat zu. Das Land Bayern recherchiert aus diesem Grund weltweit nach Nachdrucken von diesem Buch, um sein Urheberrecht durchzusetzen. Regelmäßig verlangt das Land dann, dass eine Unterlassungserklärung abgegeben und die Auflage eingestampft wird. Das kann allerdings nur bis zum Jahre 2015 geschehen, da das Urheberrecht 70 Jahre nach dem Tod des Autors erlischt. Übrigens, in den USA und Großbritannien greift das Urheberrecht des Landes Bayern nicht, da der Eher-Verlag die Rechte in den dreißiger Jahren an dortige Verlage verkauft hatte.[44]

A	Richtig.
B	Falsch.
C	Falsch. Es gibt zwei entfernte Familienangehörige Hitlers in den USA, sie haben aber nichts geerbt. Hitler selbst hatte keine Kinder, soweit man weiß.
D	Falsch. Die Immobilien wurden als «Sühneleistung» eingezogen.

VIII. Tagesgeschäft

Wem gehört eigentlich

... ein absenderloser nicht zustellbarer Brief?

A dem Postunternehmen ☐

B niemandem ☐

C dem Empfänger, auch wenn es diesen nicht gibt ☐

D dem Absender, auch wenn man nicht weiß, wer das ist ☐

Ein Brief ohne Absender und ohne korrekte Anschrift – das ist kein Spaß für die Postunternehmen. Wohin mit einem solchen Brief? Die Deutsche Post AG versucht, jeden Brief zu dem korrekten Empfänger zu bringen. Täglich ändern sich Anschriften durch Umzüge, Personen wechseln ihren Namen durch Heirat, manch einer muss seine gemütliche Wohnung gegen eine Gefängniszelle tauschen. Kann die Post all das wissen? Sie versucht es. Dabei hilft eine sogenannte Postreferenzdatei mit 95 Millionen Privatadressen. Hinzu kommen Daten aus Nachsendeaufträgen und anderen Umzugsinformationen. Manchmal werden auch Einwohnermeldeämter befragt. Ein ausgeklügeltes System findet so fast jeden Empfänger.

Aber eben nur fast. Manche Briefe finden einfach keinen Empfänger. Diese Briefe werden an den Absender zurückgeschickt. Denn der Absender ist Eigentümer des Briefes – so lange, bis der Brief korrekt zugestellt ist. Manche Leute vergessen allerdings, einen Absender anzugeben. Diese Briefe können nicht zurückgeschickt werden. Sie lagern bei der Briefermittlungsstelle der Post AG in Marburg. Dort werden diese Briefe geöffnet. Es wird versucht, darin Adressbestandteile zu finden. Fast detektivische Arbeit erfordert das. Hilft auch das nicht weiter, wird der Brief ein Jahr lang aufbewahrt. In dieser Zeit kann der Absender einen Nachforschungsantrag stellen. Folgt kein Nachforschungsauftrag, wird der Brief nach Ablauf des Aufbewahrungsjahres vernichtet.

Für Pakete gilt übrigens das Gleiche. Meldet sich niemand, wird der Inhalt – bei neuer Ware – aber nicht sofort vernichtet, sondern versteigert.

Eigentümer des Briefes bleibt während der gesamten Zeit übrigens der Absender. Das wird auch aus den Entschädigungsregelungen ersichtlich: Wird ein Brief beschädigt und ist dies die Schuld des Postunternehmens, muss dieses dafür Schadenersatz zahlen.[45]

A	Falsch. Das Postunternehmen übermittelt nur den Brief.
B	Falsch.
C	Falsch, eine nicht existente Person kann kein Eigentum erwerben. Eine existierende Person kann zwar Eigentum erwerben, muss dazu aber den Brief übergeben bekommen.
D	Richtig.

Wem gehört eigentlich

... eine orange Notrufsäule an einer Autobahn oder einer Landstraße?

A   auf Autobahnen: dem Gesamtverband der
    Deutschen Versicherer (GDV), auf Landstraßen:
    der Björn-Steiger-Stiftung
    und der Jürgen-Pegler-Stiftung ☐

B   dem ADAC ☐

C   den jeweils nächstgelegenen Krankenhäusern ☐

D   niemandem ☐

Es ist der 3. Mai 1969. Auf dem Heimweg vom Schwimmbad wird der achtjährige Björn Steiger von einem Auto erfasst. Passanten alarmieren sofort nach dem Unglück Polizei und Rotes Kreuz. Trotzdem dauert es fast eine Stunde, bis der Krankenwagen eintrifft. Björn stirbt nicht an seinen Verletzungen, er stirbt am Schock. Seine Eltern Ute und Siegfried Steiger gründen wenig später die Björn-Steiger-Stiftung als gemeinnützigen Verein. Sein Ziel ist, den Aufbau der Notfallhilfe in Deutschland anzuregen. In diesem Zusammenhang entstehen im Laufe der

Jahre an vielen Landstraßen die bekannten orangefarbenen Notrufsäulen.

Auch die Jürgen-Pegler-Stiftung engagiert sich für die Verkehrssicherheit und betreibt zahlreiche Notrufsäulen. An Autobahnen werden diese vom Gesamtverband der Deutschen Versicherer abgefragt. Eingehende Notrufe werden vom Zentralruf der Autoversicherer an die zuständige Rettungsleitstelle, einen Pannendienst oder die Autobahnmeisterei weitergeleitet. Die Straßenbau- und Autobahnverwaltungen sichern den technischen Unterhalt der Notrufsäulen.

Könnten die Notrufsäulen dank der heute vorhandenen Handys abgeschafft werden? Wohl nicht. Denn nur die wenigsten Handys verfügen über eine automatische Standorterkennung. Daher kommt es bei Unfallmeldungen oft zu falschen Standortangaben. Der zeitlich schnelle «Handy-Notruf» verwandelt sich dadurch oft ins Gegenteil, und die Zeiten, bis der Rettungsdienst am Unfallort eintrifft, erhöhen sich bei Verkehrsunfällen dramatisch.[46]

A	Richtig.
B	Falsch. Der ADAC hat mit den Notrufsäulen nichts zu tun.
C	Falsch. Die Krankenhäuser hätten nicht die Kapazitäten, dies zu übernehmen.
D	Falsch.

Wem gehört eigentlich

... das Treppenhaus eines Hauses mit Eigentumswohnungen?

A niemandem ▢

B dem Eigentümer mit der größten Wohnung ▢

C allen Eigentümern zu gleichen Teilen ▢

D allen Eigentümern in der Höhe ihres Anteils an der gesamten Immobilie ▢

Der Streit um die Sauberkeit des Treppenhauses scheint so alt zu sein wie die Treppenhäuser selbst. Bereits in der Antike gab es Wohnhäuser mit mehreren Stockwerken. Nach deutschem Recht gehören dem Eigentümer eines Grundstücks alle darauf errichteten Gebäude. Ein Eigentumsrecht an einer bestimmten Wohnung existiert dagegen nicht. Um dennoch Eigentumswohnungen zu ermöglichen, hat man sich einen Trick ausgedacht. Immobilien mit Eigentumswohnungen gehören Eigentümergemeinschaften. Das führt dazu, dass die Immobilie allen Eigentümern gemeinsam gehört. In einem Teilungsplan sind jedem Teilhaber dann bestimmte Flächen zugewiesen. Das Eigentum an den Fluren, Treppenhaus und sonstigen gemeinsam genutzten Flächen steht allen gemeinsam zu, und zwar in der Höhe ihres Anteils an der gesamten Immobilie.

Unabhängig davon, wem das Treppenhaus gehört, sind die Pflichten, es sauberzuhalten. In Württemberg hat sich die Kehrwoche etabliert. Dies bedeutet, dass im Mietvertrag festgelegt ist, dass die Mieter im Wechsel das Treppenhaus zu reinigen haben.[47]

A	Falsch.
B	Falsch. Dieser Eigentümer hat zwar auch den größten Teileigentumsanteil an dem Treppenhaus, ihm gehört das Treppenhaus allerdings nicht allein.
C	Falsch.
D	Richtig.

Wem gehört eigentlich

... Lotto?

A dem Deutschen Lotto- und Totoblock ▢

B den Bundesländern ▢

C niemandem ▢

D einer Privatperson, deren Name nicht bekannt ist ▢

Was glauben Sie, wie hoch ist die Wahrscheinlichkeit, in Deutschland im Lotto 6 aus 49 den Jackpot zu knacken? Lotto bringt uns zum Träumen, wir überlegen, wie sich unser Leben ändern könnte, wenn wir auf einen Schlag Millionär würden. Schon vor langer Zeit wurde mit dieser Faszination viel Geld verdient. Das Lottospiel geht bis ins 15. Jahrhundert zurück. In Genua wurden die Ratsherren mittels einer Zufallsziehung bestimmt: 90 Zettel mit Kandidatennamen kamen in eine Urne, fünf davon wurden gezogen und zu Ratsherren gemacht. Der findige Geschäftsmann Benedetto Gentile kam 1620 auf die Idee, die Namen durch Zahlen zu ersetzen und Wetten auf das Ergebnis anzunehmen. So wurde das Lottospiel geboren, quasi ein «5 aus 90».

Lotto wurde eine Erfolgsstory und breitete sich immer weiter in Europa aus. Das erste deutsche Zahlenlotto wurde 1735 in Bayern veranstaltet. 1763 wurde das Lotto in Preußen verstaatlicht, weil Friedrich der Große die Spielfreude seiner Untertanen nutzen wollte, um seine Staatsfinanzen zu sanieren. Nach einem Verbot um 1800 wurde das Zahlenlotto erst 1953 wieder eingeführt, als «5 aus 90». Im Oktober 1955 fand schließlich die erste große Ziehung nach dem System «6 aus 49» statt. Da das Glücksspiel dem Staat vorbehalten ist, gründeten die Bundesländer Lottogesellschaften. Lotto gehört also diesen staatlichen Unternehmen. Sie sind zudem im Deutschen Lotto- und Totoblock organisiert, um die staatlichen Glücksspielangebote bundesweit nach gemeinsamen Grundsätzen zu organisieren.

Die Hälfte der Einnahmen wird an alle Gewinner ausgezahlt, knapp ein Viertel wird für Sportförderung, Jugendprojekte oder den Umweltschutz verwendet. Der Rest entfällt auf Lotteriesteuer und Provision für die Lottoannahmestellen. Wer trotz der niedrigen Gewinnchancen Lotto spielt, sollte sich wenigstens Zahlen aussuchen, die selten gewählt werden. So ist im Fall eines Gewinns zumindest die Gewinnsumme höher. Kreuzen Sie daher keine Zahlen an, die auf dem Tippschein Muster ergeben. Angeblich werden auch die Zahlen 16, 40 und 41 selten gewählt. Ach ja, Sie wollten ja noch die Wahrscheinlichkeit für den Gewinn des Jackpots wissen. Sie liegt bei ernüchternden 1 zu 139 838 160, das sind 0,000 000 72 %.[48]

A	Falsch. Der Deutsche Lotto- und Totoblock ist eine Vereinigung der Lottogesellschaften der Bundesländer.
B	Richtig. Jedes Bundesland hat eine eigene Lottogesellschaft gegründet, Hessen z. B. die Lotterie-Treuhandgesellschaft mbH Hessen.
C	Falsch.
D	Falsch.

Wem gehört eigentlich

... ein Anwaltsschriftsatz?

A dem Anwalt ▢

B dem Mandanten ▢

C dem Gericht ▢

D niemandem ▢

1999 zog der Bundestagsabgeordnete Gregor Gysi vor das Bundesverfassungsgericht. Er ging gegen die Veröffentlichung einer von ihm verfassten Berufungsbegründungsschrift aus dem Jahr 1979 mit der Begründung vor, die Verbreitung verstoße gegen sein Urheberrecht. Damals hatte Gysi als Strafverteidiger in der DDR den Regimekritiker Havemann in einem Strafverfahren verteidigt. Der Schriftsatz von damals war vergessen, bis der Bundesbeauftragte für die Unterlagen des Staatssicherheitsdienstes der ehemaligen DDR («Gauck-Behörde») den Schriftsatz von Gysi in einem Buch mit dem Titel «Der Fall Havemann – Ein Lehrstück politischer Justiz» veröffentlichte.

Ein Schriftsatz eines Anwalts orientiert sich teils an Gesetzen der Logik, teils an einer Anwendung der im Studium erlernten Kenntnisse und Techniken. Ob die für den Urheberrechtsschutz erforderliche Voraussetzung der schöpferischen Leistung vorliegen kann, erscheint da eher zweifelhaft. Aber wer so denkt, unterschätzt die Anwälte.

Die Anwendung der Denkgesetze und Fachkenntnisse und die Berücksichtigung von Erfahrungen schließen nämlich einen Urheberrechtsschutz nicht ohne weiteres aus. Juristen können also kreativ sein und ihren Schriftsätzen eine individuelle Eigenprägung geben. Auch in Gysis Fall ging das Gericht davon aus, dass der Schriftsatz urheberrechtlich geschützt ist. Es hat allerdings im Ergebnis die Interessen der Allgemeinheit an einer Berichterstattung höher eingeschätzt. Der Abgeordnete Gysi musste somit den Abdruck seines Anwaltsschriftsatzes dulden, obwohl dieser zuvor nicht veröffentlicht worden war.[49]

A	Richtig, er ist das geistige Eigentum des Anwalts, wenn er durch Auswahl, Anordnung, Einteilung und Darstellung des behandelten Stoffs eine individuelle Eigenprägung erkennen lässt. Dazu muss er sich von einer durchschnittlichen Stoffsammlung und einer bloß ungeordnet aneinandergereihten Materialwiedergabe deutlich abheben.
B	Falsch.
C	Falsch.
D	Falsch.

Wem gehört eigentlich

... das Kennzeichen «Rotes Kreuz»?

A niemandem ☐

B der Schweizerischen Eidgenossenschaft ☐

C Organisationen innerhalb der Rotkreuz-Bewegung wie dem Deutschen Roten Kreuz (DRK) ☐

D der Nobelpreisstiftung ☐

Das Deutsche Rote Kreuz e. V. (DRK) will Leben, Gesundheit und Würde schützen sowie die Verminderung des Leids von Menschen in Not erreichen, ohne Ansehen von Nationalität und Abstammung oder religiösen, weltanschaulichen oder politischen Ansichten der Betroffenen und Hilfeleistenden. Das DRK ist Teil der Internationalen Rotkreuz- und Rothalbmond-Bewegung. Im Jahr 1863 wurde die Bewegung – damals noch unter dem Namen «Internationales Komitee vom Roten Kreuz» – gegründet. Bis heute besteht sie aus 15 bis 25 Schweizer Staatsbürgern, die jeweils für vier Jahre von einem Komitee gewählt, aber auch wiedergewählt werden können. Beim Roten Kreuz handelt es sich, juristisch gesehen, um eine private Vereinigung nach Schweizer Vereinsrecht. Wegen der großen Bedeutung der

Vereinigung ist die internationale Rotkreuz- und Rothalbmond-Bewegung eines der wenigen originären nicht-staatlichen Völkerrechtssubjekte (neben dem Heiligen Stuhl und dem Souveränen Malteser-Ritterorden).

Das Symbol «Rotes Kreuz» ist eine Umkehrung der Schweizer Flagge. Dieses Zeichen wurde zu Ehren des Gründers Henry Dunant und seines Heimatlandes eingeführt. Bei dem Symbol muss unterschieden werden, ob es als Schutzzeichen oder Kennzeichen verwendet wird. Als Schutzzeichen dient es der Markierung von Personen, Gebäuden und Fahrzeugen, die bei Konflikten und Kriegen zur Umsetzung der in den Genfer Abkommen vereinbarten Schutzregelungen und Hilfsmaßnahmen im Einsatz sind.

Aufgrund des DRK-Gesetzes (grundlegend geändert im Jahre 2008) hat das DRK allein das Recht, das Zeichen als Marke, also als Kennzeichen zu verwenden. Bei einer unbefugten Benutzung des Roten Kreuzes droht ein Bußgeld. Es handelt sich dann um eine Ordnungswidrigkeit.[50]

A	Falsch.
B	Falsch, auch wenn das Rote Kreuz eine Umkehrung der Schweizer Flagge ist.
C	Richtig, wenn es als Kennzeichen verwendet wird.
D	Falsch. Das Internationale Komitee vom Roten Kreuz hat zwar dreimal den Friedensnobelpreis zuerkannt bekommen, aber das Nobelpreiskomitee hat sonst nichts mit dem Roten Kreuz zu tun.

Wem gehört eigentlich

... eine Domain?

A niemandem ☐

B der jeweiligen Registrierungsstelle (z. B. DENIC) ☐

C dem Admin-C ☐

D dem im Register eingetragenen Domaininhaber ☐

1986 ging die erste .de-Domain an den Start: uni-dortmund.de. Zu den Anfangszeiten des Internet wurden von Privatpersonen viele Domains bekannter Unternehmen gesichert, um sie dann für viel Geld den Unternehmen anzubieten (sog. Domaingrabbing oder Cybersquatting). Rolls Royce wurde beispielsweise die Domain rolls-royce.de vor der Nase weggeschnappt. Der Luxuslimousinenbauer musste sich die Domain erst durch ein aufwendiges Gerichtsverfahren zurückerkämpfen. Das war 1999. Inzwischen ist viel passiert, und die Juristen haben es mittlerweile ganz gut geschafft, die Domain und die damit verbundenen Rechtsprobleme in ihr System einzuordnen.

Internetdomains werden nicht vom Staat verwaltet und zugeteilt. In Deutschland ist für .de-Domains die DENIC (Deutsches Network Information Center), zuständig. Die wiederum leitet ihre Befugnis von der Behörde ICANN (Internet Corporation for Assigned Names and Numbers) ab. Die ICANN ist zwar eine private Stiftung, sie untersteht aber dem Wirtschaftsministerium der USA. Die ICANN passt auf, dass jede Domain nur einmal vergeben wird. Weil sie das weltweit nicht alleine schafft, sucht sie sich für jedes Territorium einen Partner.

Wer eine Domain bei der DENIC registriert, wird entgegen der landläufigen Ansicht nicht Eigentümer. Die Domain wird auch nicht gekauft, sondern der Domaininhaber muss einen Jahresbeitrag zahlen, um die Domain nutzen zu dürfen. Wenn die Domain gekündigt wird, kann die DENIC sie an jemand anderen vergeben. Man könnte daher auf die Idee kommen, dass die Domain gemietet wird. Das stimmt aber auch nicht ganz, weil nach einer Kündigung die Domain ja erst einmal verschwindet und nicht existiert. Sie entsteht erst wieder, wenn ein anderer die Domain haben will. Etwas nicht Existierendes kann man nicht vermieten. Im Übrigen kann der Inhaber die Domain auch verkaufen. Er überträgt dem Käufer dann das Nutzungsrecht, also seinen Vertrag mit der DENIC. Was juristisch sehr kompliziert ist, ist wirtschaftlich ganz einfach. Wer Inhaber der Domain ist, darf sie nutzen und verkaufen.

A	Falsch.
B	Falsch. Der Registrierungsstelle gehören die Domains nicht, sie entstehen erst mit Konnektierung. Die Registrierungsstelle aktiviert die Domains nur und verwaltet sie. Sie ist auch zuständig für die Löschung von Domains.
C	Falsch. Der Admin-C ist eine Art Generalbevollmächtigter des Domaininhabers. Den muss man als Domainanmelder bestimmen, da die DENIC eine Kontaktperson braucht. Der Admin-C ist selbst aber nicht Domaininhaber.
D	Das ist am ehesten richtig. Auch wenn der Domaininhaber kein Eigentümer ist, darf er die Domain nutzen, solange er das jährliche Nutzungsentgelt bezahlt.

Wem gehört eigentlich

... ein Werbespot?

A niemandem ☐

B dem Produzenten ☐

C dem ausstrahlenden Fernsehsender ☐

D den Mitwirkenden ☐

Der 90-jährige Bergmensch mit dem Spruch «Aber Vorsicht – it's cool man» im Milka-Werbespot, Boris Becker vor seinem PC, der die begeisternden Worte «Ich bin drin» spricht, oder der Fernet-Branca-Adler, der über die Berglandschaft fliegt – bekannte Werbespots sind Evergreens. In einer geselligen Runde genügen meistens nur wenige Stichworte, und alle haben einen bestimmten Werbespot vor Augen. Ein gelungener Spot verknüpft das beworbene Produkt mit der Atmosphäre des Werbefilms. Hin und wieder gesellt sich auch noch ein griffiger Werbeslogan dazu.

Die Produktion eines Werbefilms ist eine aufwendige Sache. Zahlreiche Vorarbeiten sind erforderlich, bis der Spot tatsächlich im Fernsehen läuft. Alles fängt mit der Idee an. Die hat in der Regel jemand in einer Werbeagentur. Dann wird ein so genanntes Storyboard gezeichnet, in dem die einzelnen Szenen des Werbefilms mit Skizzen visualisiert werden. Man kann sich dann schon so ungefähr vorstellen, wie der Spot aussehen wird. Wenn der Spot mit Musik laufen soll, muss natürlich auch diese ausgesucht werden. Dann geht es an die Produktion. Die einzelnen Szenen werden abgefilmt, dann geschnitten und schließlich mit dem richtigen Ton unterlegt. Bei der Produktion eines Werbespots sind also neben dem Ideengeber zahlreiche andere Personen beteiligt, die Rechte haben könnten, beispielsweise der Regisseur, der Kameramann, der Cutter, der Tonmeister.

Urheber eines Werbefilms sind daher zunächst einmal diejenigen, die an der Herstellung schöpferisch mitwirken. Da jeder ein Mosaiksteinchen beiträgt, entsteht ein Gesamtkunstwerk eigener Art. Die schöpferisch Mitwirkenden sind daher «Miturheber». Sie alle haben in der Regel einen Vertrag mit dem Produzenten des Werbefilms. Das gleiche gilt für die Schauspieler.

In diesen Verträgen werden alle Rechte an den Produzenten übertragen. Eigentümer, also Rechteinhaber des fertigen Films, ist letztendlich der Produzent. Das ist beim Werbefilm nicht anders als beim Spielfilm.

A	Falsch.
B	Richtig.
C	Falsch. Der ausstrahlende Fernsehsender hat zwar das Recht, den Spot auszustrahlen, weil er ja mit der Ausstrahlung beauftragt wurde, ihm gehört aber nicht der Spot. Spots, die man auf Youtube sehen kann, sind meistens nicht genehmigt, und daher darf Youtube diese nicht zeigen. Da der Sinn von Werbung aber ist, dass viele Leute sie sehen, unternehmen die meisten Firmen nichts dagegen.
D	Falsch. Regisseur, Tonmeister, Cutter etc. haben zunächst Rechte an dem Film, übertragen diese aber dann an den Produzenten. Das gleiche gilt für die Schauspieler, die zwar keine Urheberrechte, aber so genannte Leistungsschutzrechte durch ihre Mitwirkung im Film haben.

Wem gehört eigentlich

... die Frankfurter Allgemeine Zeitung?

A Gerald Braunberger ☐

B der FAZIT-Stiftung Gemeinnützige
   Verlagsgesellschaft mbH und den F. A. Z.-Herausgebern ☐

C niemandem ☐

D gemeinsam der Deutschen Bank,
   den Papierwerken Waldhof und Salamander ☐

Dass hinter der Frankfurter Allgemeinen Zeitung kluge Köpfe stecken, ist hinlänglich bekannt, wer aber ist Eigentümer der Zeitung? Die erste Ausgabe der F. A. Z. erschien am 1. November 1949. Das Geld dafür kam damals von der Deutschen Bank, den Papierwerken Waldhof und Salamander. Die Historie der Frankfurter Allgemeinen Zeitung knüpft an die 1863 gegründete und während des Nationalsozialismus verbotene Frankfurter Zeitung an. Aus der Weimarer Republik und dem Nationalsozialismus hatten die Gründer der F. A. Z. die Gefahr erkannt, dass Dritte Einfluss auf die Zeitung nehmen können. Daher gründeten sie 1959 die FAZIT-Stiftung Gemeinnützige Verlagsgesellschaft mbH, der die Frankfurter Allgemeine Zeitung seitdem als Mehrheitsgesellschafterin (97,3 %) gehört. Die restlichen

Anteile halten zu je 1,3% die F.A.Z.-Herausgeber Werner D'Inka, Berthold Kohler, Dr. Günther Nonnenmacher, Holger Steltzner und Dr. Frank Schirrmacher.

A	Falsch, Gerald Braunberger leitet das Finanzressort der Zeitung.
B	Richtig.
C	Falsch.
D	Falsch, diese Unternehmen haben allerdings in der Gründungsphase der Zeitung die Finanzierung gesichert.

Anmerkungen

Juristische Erläuterungen

1 Eigentum kann nur an Sachen (§ 90 Bürgerliches Gesetzbuch) oder an Rechten bestehen. Als körperlicher Gegenstand sind Gase nur anzusehen, wenn sie beherrschbar sind, sich also in einem geschlossenen Gefäß oder Ähnlichem befinden. Das Eigentum an der Zigarette setzt sich am Rauch nach § 953 Bürgerliches Gesetzbuch fort. § 959 Bürgerliches Gesetzbuch bestimmt, dass man sein Eigentum aufgeben kann, wenn man den Besitz an der Sache aufgibt und zum Ausdruck bringt, dass man nicht mehr Eigentümer sein möchte. Die Eigentumsaufgabe ist ein einseitiges Verfügungsgeschäft. Zu ihrer Wirksamkeit muss der Verfügende deshalb geschäftsfähig sein. Ein einseitiges Rechtsgeschäft, das der Minderjährige ohne die erforderliche Einwilligung des gesetzlichen Vertreters vornimmt, ist nach § 111 Bürgerliches Gesetzbuch unwirksam. Der Sechzehnjährige benötigt daher die Einwilligung seiner Eltern. Über diese Einwilligung verfügt er nicht, da ihm die Eltern das Rauchen verboten haben. Die Eigentumsverhältnisse bei Vermischung von zwei beweglichen Sachen regelt § 947 Bürgerliches Gesetzbuch.
2 Das Rohmaterial (Papier und Metall) gehört dem Zulieferer. Das Eigentum daran wird gemäß § 929 S. 1 Bürgerliches Gesetzbuch übertragen, spätestens erhält die Bundesdruckerei jedoch das Eigentum infolge des Bedruckens der Scheine nach § 950 Bürgerliches Gesetzbuch. Das Eigentum an den Scheinen und Geldstücken wird an den Staat übertragen und dann nach § 929 S. 1 Bürgerliches Gesetzbuch durch die Banken weiter übertragen.
3 Nach § 959 Bürgerliches Gesetzbuch kann man sein Eigentum aufgeben, wenn man den Besitz an der Sache aufgibt und zum Ausdruck bringt, dass man nicht mehr Eigentümer sein möchte. Die Sache wird dann herrenlos. Die Eigentumsaufgabe ist ein einseitiges Verfügungsgeschäft. An seinem Müll gibt man allerdings regelmäßig nicht sein Eigentum auf, sondern man möchte es an das Entsorgungsunternehmen übertragen. Schließlich wäre man nicht damit einverstanden, dass Fremde in der eigenen Mülltonne wühlen und Sachen heraus-

nehmen. Ein Diebstahl einer herrenlosen Sache ist nicht möglich, da Diebstahl nach § 242 Strafgesetzbuch die Wegnahme einer fremden Sache voraussetzt. Zum Kinderbett-Fall: Urteil des LAG Baden-Württemberg vom 10. 2. 2010 – 13 Sa 59/09.

4 Diebstahl setzt nach § 242 Strafgesetzbuch voraus, dass der Täter eine fremde bewegliche Sache wegnimmt, um sie sich widerrechtlich zuzueignen. Energie ist allerdings mangels Körperlichkeit keine Sache. Daher wurde der Straftatbestand des Entziehens elektrischer Energie eingeführt: § 248 c Strafgesetzbuch.

5 Die 200-Seemeilen-Grenze ist in Art. 76 Abs. 1 der Seerechtskonvention der Vereinten Nationen von 1994 festgelegt.

6 Die Regelungen über den Fund finden sich in §§ 965 bis 984 Bürgerliches Gesetzbuch.

7 Die Aufnahme des nichtöffentlich gesprochenen Wortes ist nach § 201 Strafgesetzbuch strafbar. Eine Rede ist nach § 2 Abs. 1 Nr. 1 Urhebergesetz geschützt, wenn sie eine persönliche geistige Schöpfung ist. Der Rechteinhaber kann die Verbreitung der Reden auf Tonträger nach § 97 Urhebergesetz verbieten.

8 Nach § 114 a Strafprozessordnung ist dem Beschuldigten bei der Verhaftung eine Abschrift des Haftbefehls auszuhändigen. Das Dokument wird ihm nach § 929 S. 1 Bürgerliches Gesetzbuch übereignet.

9 § 1301 Bürgerliches Gesetzbuch: «Unterbleibt die Eheschließung, so kann jeder Verlobte von dem anderen die Herausgabe desjenigen, was er ihm geschenkt oder zum Zeichen des Verlöbnisses gegeben hat, nach den Vorschriften über die Herausgabe einer ungerechtfertigten Bereicherung fordern. Im Zweifel ist anzunehmen, dass die Rückforderung ausgeschlossen sein soll, wenn das Verlöbnis durch den Tod eines der Verlobten aufgelöst wird.»

10 Der Name, auch der Spitzname, ist nach § 12 Bürgerliches Gesetzbuch geschützt.

11 Der gesetzliche Güterstand ist nach § 1363 Bürgerliches Gesetzbuch die Zugewinngemeinschaft: (1) Die Ehegatten leben im Güterstand der Zugewinngemeinschaft, wenn sie nicht durch Ehevertrag etwas anderes vereinbaren. (2) Das Vermögen des Mannes und das Vermögen der Frau werden nicht gemeinschaftliches Vermögen der Ehegatten; dies gilt auch für Vermögen, das ein Ehegatte nach der Eheschließung erwirbt. Der Zugewinn, den die Ehegatten in der Ehe erzielen, wird jedoch ausgeglichen, wenn die Zugewinngemeinschaft endet.

12 § 46 Abs. 2 Telekommunikationsgesetz lautet: «Anbieter von Telekommunikationsdiensten für die Öffentlichkeit müssen sicherstellen, dass ihre Endnutzer ihnen zugeteilte Rufnummern bei einem Wech-

sel des Anbieters von Telekommunikationsdiensten für die Öffentlichkeit ... beibehalten können.»
13 Das Hausrecht ist Ausfluss des Eigentumsrechts. Nach § 903 Bürgerliches Gesetzbuch kann der Eigentümer einer Sache nach Belieben mit ihr verfahren. Das Urteil des Oberlandesgerichts Stuttgart zu hartplatzhelden.de: Urteil vom 19. 3. 2009, Aktenzeichen 2 U 47/08.
14 § 4 Abs. 1 S. 1 Wasserhaushaltsgesetz: «Das Eigentum an den Bundeswasserstraßen steht dem Bund nach Maßgabe der wasserstraßenrechtlichen Vorschriften zu.» Absatz 2: «Wasser eines fließenden oberirdischen Gewässers ... [ist] nicht eigentumsfähig.»
15 Art. 22 Grundgesetz lautet: Die Bundesflagge ist schwarz-rot-gold.
16 Art. 134 Abs. 1 Grundgesetz lautet: Das Vermögen des Reiches wird grundsätzlich Bundesvermögen. – Dies trifft auch auf das Reichstagsgebäude zu (Information der Bundesanstalt für Immobilienaufgaben, April 2010).
17 § 5 Abs. 1 Urhebergesetz: «Gesetze, Verordnungen, amtliche Erlasse und Bekanntmachungen sowie Entscheidungen und amtlich verfasste Leitsätze zu Entscheidungen genießen keinen urheberrechtlichen Schutz».
18 § 4 Abs. 1 S. 1 Straßenverkehrsgesetz lautet: «Zum Schutz vor Gefahren, die von wiederholt gegen Verkehrsvorschriften verstoßenden Fahrzeugführern und -haltern ausgehen, hat die Fahrerlaubnisbehörde die in Absatz 3 genannten Maßnahmen (Punktsystem) zu ergreifen.» Die Fahrerlaubnis wird bei 18 Punkten und mehr entzogen. Hat man zwischen 14 und 17 Punkten, muss man an einer Schulung teilnehmen. Zwischen 8 und 13 Punkten erhält man eine Verwarnung.
19 Geographische Herkunftsangaben sind in §§ 126 ff. Markengesetz geschützt. Auf europäischer Ebene existiert ferner die Verordnung Nr. 2081/92 EWG des Rates zum Schutz von geographischen Angaben und Ursprungsbezeichnungen für Agrarerzeugnisse und Lebensmittel. Im Fall «Capri Sonne» urteilte das Gericht lakonisch, es sei jedem Käufer bewusst, dass «auf der kleinen italienischen Insel mit einer Fläche von etwa 10 Quadratkilometer Orangensaft nicht in nennenswertem Umfang hergestellt werden könne». Es ist also eine reine Phantasiebezeichnung, und daher kann der so gekennzeichnete Orangensaft von überall auf der Welt herkommen, ohne dass eine Irreführung vorliegt.
20 Das Design der Playmobilfiguren ist durch das Geschmacksmustergesetz geschützt. Auf europäischer Ebene gibt es eine Geschmacksmusterverordnung. Designer können ihre Entwürfe zentral beim Harmonisierungsamt für den Binnenmarkt in Alicante anmelden. Sie

erhalten dann europaweit Schutz, wenn das Design neu und eigentümlich ist.
21 Die Zeichnungen und der Text sind jeweils nach dem Urheberrecht geschützt. Über völkerrechtliche Verträge, insbesondere die Berner Übereinkunft, können auch Ausländer unter bestimmten Voraussetzungen Ansprüche in Deutschland geltend machen.
22 Wer Stoffe verarbeitet und eine neue Sache schafft, wird nach § 950 Bürgerliches Gesetzbuch Eigentümer dieser neuen Sache. Eine Ausnahme besteht, wenn der Wert der Verarbeitung erheblich geringer ist als der Wert des verarbeiteten Stoffes. Die Rechtsprechung nimmt dies an, wenn der Wert der Verarbeitung 60% des Stoffwertes unterschreitet. Wer sein Eigentum infolge der Anwendung des § 950 Bürgerliches Gesetzbuch verliert, hat einen Anspruch auf Wertersatz gegen den neuen Eigentümer. Er kann allerdings nicht die umgestaltete Sache zurückfordern. Statt bei dem Bau eines Schneemanns den Eigentumserwerb über § 950 Bürgerliches Gesetzbuch anzunehmen, kann man auch überlegen, ob bereits in dem Akt der Aufnahme des Schnees der Wille liegt, sich diesen anzueignen. § 958 Bürgerliches Gesetzbuch lautet: «Wer eine herrenlose bewegliche Sache in Eigenbesitz nimmt, erwirbt das Eigentum an der Sache.»
23 Marken sind Zeichen, die dazu dienen, die Waren eines Unternehmens von denen eines anderen Unternehmens zu unterscheiden. Marken sind durch das Markengesetz und die Gemeinschaftsmarkenverordnung geschützt.
24 § 960 Bürgerliches Gesetzbuch bestimmt, dass wilde Tiere herrenlos sind. Wer ein solches Tier einfängt, kann sich das Eigentum daran nach § 958 Bürgerliches Gesetzbuch aneignen. Nach § 953 Bürgerliches Gesetzbuch erstreckt sich das Eigentum an einem Tier auch auf dessen Junge.
25 In Deutschland werden Patente für Erfindungen erteilt, die neu sind, auf einer erfinderischen Tätigkeit beruhen und gewerblich anwendbar sind (§ 1 Abs. 1 Patentgesetz). Elisabeth J. Magie entwickelte ihr Spiel ursprünglich, um vor einer Steuerpolitik zu warnen, die zur Polarisierung von Arm und Reich führt. Sie war stattdessen eine Anhängerin der von Henry George entwickelten Bodenwertsteuer, die dem Staat als einzige Steuer zur Finanzierung seiner Aufgaben zur Verfügung stehen sollte.
26 Dem Urheber steht nach § 19 Abs. 2 Urhebergesetz das exklusive Aufführungsrecht zu, also das Recht, sein Werk der Musik durch persönliche Darbietung öffentlich zu Gehör zu bringen. Zwischen Deutschland und den Vereinigten Staaten von Amerika bestehen zahlreiche völkerrechtliche Verträge, die Gegenseitigkeitsklauseln

enthalten, insbesondere das Übereinkommen zwischen dem Deutschen Reich und den USA über den gegenseitigen Schutz der Urheberrechte vom 15. Januar 1892, das Welturheberrechtsabkommen ab 1955 und die Revidierte Berner Übereinkunft ab 1989. Im Rahmen der Prüfung dieser Verträge wird ein sogenannter Schutzfristenvergleich vorgenommen. Im anderen Staat ist ein Werk nur geschützt, wenn im Ursprungsstaat der Schutz noch nicht abgelaufen ist.

27 Urteil des Oberlandesgerichts Oldenburg zum Grillen, Aktenzeichen: 13 U 53/02. Urteil des Landgerichts Münster zum Kinderlärm, Aktenzeichen: 08 O 378/08. Urteil des Amtsgerichts Grünstadt zu den Frustzwergen, Aktenzeichen: 2 a C 334/93. § 911 Bürgerliches Gesetzbuch lautet: «Früchte, die von einem Baum oder einem Strauche auf ein Nachbargrundstück hinüber fallen, gelten als Früchte dieses Grundstücks. Diese Vorschrift findet keine Anwendung, wenn das Nachbargrundstück dem öffentlichen Gebrauch dient.»

28 Organe, Blut oder Samen sind, nachdem sie vom Körper getrennt wurden, Sachen nach § 90 Bürgerliches Gesetzbuch. Das Eigentum daran wird gemäß §§ 929 ff. Bürgerliches Gesetzbuch übertragen.

29 Die Vorschriften zu entflogenen Bienenschwärmen finden sich in §§ 961–964 Bürgerliches Gesetzbuch.

30 Früchte und Pflanzen sind mit dem Grundstück verbunden und so dessen Bestandteile. Nach der Trennung behält der Eigentümer des Grundstücks das Eigentums daran (§ 953 Bürgerliches Gesetzbuch). – Die erwähnte Rechtsprechung des Bayerischen Verfassungsgerichtshofes findet sich in BayVerfGH 18, 121; 19, 35 (37 ff.).

31 Art. 14 Abs. 3 Grundgesetz schreibt vor, dass eine Enteignung eine Entschädigung voraussetzt: «Eine Enteignung ist nur zum Wohle der Allgemeinheit zulässig. Sie darf nur durch Gesetz oder auf Grund eines Gesetzes erfolgen, das Art und Ausmaß der Entschädigung regelt. Die Entschädigung ist unter gerechter Abwägung der Interessen der Allgemeinheit und der Beteiligten zu bestimmen. Wegen der Höhe der Entschädigung steht im Streitfalle der Rechtsweg vor den ordentlichen Gerichten offen.»

32 Der Bodensee ist – völkerrechtlich gesehen – Niemandsland. Er ist gebietsrechtlich in Teilen nicht zugeordnet (vgl. Wolfgang Vitzthum: Völkerrecht, 4. Auflage 2007, Seite 468). Es gibt freilich Abkommen über die Nutzung und den Schutz des Bodensees.

33 § 905 Bürgerliches Gesetzbuch: «Das Recht des Eigentümers eines Grundstücks erstreckt sich auf den Raum über der Oberfläche und auf den Erdkörper unter der Oberfläche. Der Eigentümer kann jedoch Einwirkungen nicht verbieten, die in solcher Höhe oder Tiefe vorge-

nommen werden, dass er an der Ausschließung kein Interesse hat.»
Vorschriften zum Schutz des Wassers (oberirdische Gewässer, Küstengewässer und das Grundwasser) enthalten vor allem das Wasserhaushaltsgesetz des Bundes sowie die Wassergesetze der Länder. § 4 Abs. 3 Nr. 1 Wasserhaushaltsgesetz: «Das Grundeigentum berechtigt nicht zu einer Gewässerbenutzung, die einer behördlichen Zulassung bedarf.»

34 Die Voraussetzungen der Patentierbarkeit von Erfindungen finden sich in Deutschland in § 1 Abs. 1 Patentgesetz. Sie müssen neu sein, auf einer erfinderischen Tätigkeit beruhen und gewerblich anwendbar sein.

35 Als erstes deutsches Land führte 1810 Baden ein Urheberrecht nach französischem Vorbild ein, das die Schutzdauer auf die Lebenszeit des Urhebers begrenzte. 1837 trat in Preußen das «Gesetz zum Schutze des Eigenthums an Werken der Wissenschaft und Kunst in Nachdruck und Nachbildung» in Kraft. 1870 verabschiedete der Norddeutsche Bund das «Gesetz betreffend das Urheberrecht an Schriftwerken, Abbildungen, musikalischen Kompositionen und dramatischen Werken». Dieses Gesetz übernahm das Deutsche Reich im Jahr 1871. In der Folge wurden die Schutzfristen schrittweise verlängert. Ab 1902 galt das «Gesetz betreffend das Urheberrecht an Werken der Literatur und der Tonkunst». Es wurde 1965 durch ein neues Gesetz abgelöst, das bis heute in Kraft ist.

36 Nach dem heute noch am Rhein geltenden Artikel 538 *Code Civil*, aufrecht erhalten durch Art. 89, Nr. 2 des Preußischen Ausführungsgesetzes zum Bürgerliches Gesetzbuch, gehört der Dom zum *domaine public* und ist daher eine außerhalb des privaten Rechtsverkehrs stehende unveräußerliche und unersitzbare Sache. Dass die Kölner Domkirche als Anstalt der katholischen Kirche juristische Person ist, ergibt sich aus der Bulle *De salute animarum* vom 16. Juli 1821, in der die Domkirchen als Trägerinnen von Vermögensrechten erscheinen.

37 Die Hadrianische Teilung ist in § 984 Bürgerliches Gesetzbuch normiert. § 71 Abs. 1, S. 1 und 2 Urhebergesetz lautet: «Wer ein nicht erschienenes Werk nach Erlöschen des Urheberrechts erlaubterweise erstmals erscheinen lässt oder erstmals öffentlich wiedergibt, hat das ausschließliche Recht, das Werk zu verwerten. Das gleiche gilt für nicht erschienene Werke, die im Geltungsbereich dieses Gesetzes niemals geschützt waren, deren Urheber aber schon länger als siebzig Jahre tot ist.» § 71 Abs. 3 S. 1: «Das Recht erlischt fünfundzwanzig Jahre nach dem Erscheinen des Werkes oder, wenn seine erste öffentliche Wiedergabe früher erfolgt ist, nach dieser.» Vor Gericht wurde darüber gestritten, ob der Heyne-Verlag eine entgeltliche Lizenz vom

Land Sachsen-Anhalt erwerben musste, um Bilder von der Scheibe auf das Cover eines Fantasy-Romans zu drucken. Der sachsen-anhaltinische Landesarchäologe Dr. Harald Meller hatte argumentiert, das Land genieße Schutz wie ein Urheber, da die Himmelsscheibe als bisher unveröffentlichtes Werk in die Öffentlichkeit gebracht worden sei. Wer ein unveröffentlichtes Werk in die Öffentlichkeit bringt, dem steht Nutzungsrecht 25 Jahre lang zu. Ob die Himmelsscheibe ein «unveröffentlichtes Werk» darstellt, ist bereits zweifelhaft, weil die Kelten die Scheibe vermutlich im Rahmen von Prozessionen öffentlich herumgetragen haben. Das Landgericht Magdeburg gab dem Land Sachsen-Anhalt allerdings recht.

38 Das Urheberrecht an den Malereien ergibt sich aus § 2 Abs. 1 Nr. 4 Urhebergesetz.

39 Die «50 plus 1»-Regel ist in § 16 Abs. 2 der DFB-Satzung festgelegt. Über diese Regel kommt es immer wieder zu Diskussionen. So hatte Hannover 96 auf einer Mitgliederversammlung des Ligaverbandes Ende 2009 einen Antrag zur Änderung der «50 plus 1»-Regel eingebracht, der dort aber mit großer Mehrheit abgelehnt wurde.

40 Ein Film ist nach dem Urheberrechtsgesetz als Filmwerk geschützt, wenn er eine persönliche geistige Schöpfung darstellt (§ 2 Abs. 1 Nr. 6). Sonstige Filme sind über den Laufbildschutz des § 95 UrhG geschützt. Nun sind das deutsche Gesetze – der Sachverhalt hat sich aber in den USA ereignet. Aufgrund des ‹Territorialitätsprinzips›, wonach sich Immaterialgüterrechte räumlich nur auf das Hoheitsgebiet des Staates erstrecken, der sie verleiht, können sich Urheber im Ausland nicht auf das Urheberrecht ihres Heimatlandes berufen. Es kommt vielmehr stets auf das Recht des Staates an, in dem das Werk geschützt werden soll (‹Schutzlandprinzip›). Da die USA und die Bundesrepublik Deutschland zahlreiche völkerrechtliche Abkommen geschlossen haben (u. a. Urheberrechtsübereinkommen zwischen dem Deutschen Reich und den USA vom 15. 1. 1892, Welturheberrechtsabkommen vom 6. 9. 1952 und das Übereinkommen über handelsbezogene Aspekte des geistigen Eigentums vom 15. 4. 1994) gilt das ‹Prinzip der Inländerbehandlung›, so dass deutsche Urheber in den USA wie amerikanische Urheber behandelt werden und amerikanische Urheber in Deutschland wie deutsche Urheber.

41 Das Recht am eigenen Bild ist in §§ 22, 23 Kunsturhebergesetz festgeschrieben. Nach dem Tod können es die Erben geltend machen. Sie können sich allerdings nur zehn Jahre lang nach dem Tod der Person gegen die wirtschaftliche Verwertung des Bildes wehren. Gegen Verwendungen, die Entstellungen des Lebensbildes zur Folge haben, sind sie länger geschützt. – Zur Frage welches Recht in wel-

chem Land Anwendung findet (Deutschland und USA) siehe die Fußnote Nummer 40.
42 Persönliche geistige Schöpfungen werden nach § 2 Urhebergesetz geschützt. Urteil des Landgerichts Köln zum Kölner Dom in Second Life, Aktenzeichen: 28 O 124/08.
43 Das Grundkapital einer Aktiengesellschaft ist in Aktien zerlegt (§ 1 Abs. 2 Aktiengesetz). Die Aktie ist der Anteil an dem Unternehmen.
44 § 64 UrhG bestimmt, dass das Urheberrecht 70 Jahre nach dem Tod des Urhebers erlischt. Urteil des Landgerichts München I vom 15. Oktober 1948, Aktenzeichen: I-3568/48.
45 § 39 Abs. 4 Postgesetz regelt, dass «unanbringliche Postsendungen» geöffnet werden dürfen, um den Empfänger oder den Absender zu ermitteln. Dies sind Briefsendungen (von Standard-kompakt bis Maxi-Brief-Format), die nach einem vergeblichen Zustellversuch des Postboten mit Zustellvermerk (falsche, unvollständige oder keine Adresse des Empfängers sowie keine Absenderangaben auf der Außenseite des Briefes) direkt an ein Servicecenter in Marburg weitergeleitet werden. Es handelt sich um circa 16 000 Sendungen am Tag, bei rund 70 Millionen Briefen am Tag ist das eine verschwindend geringe Menge. Trotzdem erfordert die Bearbeitung der 16 000 Sendungen einen hohen personellen und technischen Einsatz. Die Deutsche Post DHL ist dazu übrigens nicht verpflichtet. Pressesprecher Thomas Kutsch sagte uns dazu: «Unser Unternehmen sieht es als einen besonderen Service für den Kunden an, diese Sendungen zu ermitteln und dann dem ermittelten Empfänger oder Absender (als unseren Vertragspartner) zuzustellen – dies im übrigen kostenlos in einem besonderen Briefumschlag der Briefermittlung mit dem passenden Hinweis auf der Rückseite: ‹Vergiss es nicht beim nächsten Mal – mit Absender und Postleitzahl!›»
46 Juristisch ist es eine schwierige Frage, ob die Notrufsäulen wirklich den Stiftungen gehören oder ob sie nicht vielmehr so fest mit dem Grundstück verbunden sind, dass sie Teil desselben werden. Dann würden sie aber dem Eigentümer des jeweiligen Grundstücks gehören. § 946 Bürgerliches Gesetzbuch lautet: «Wird eine bewegliche Sache mit einem Grundstück dergestalt verbunden, dass sie wesentlicher Bestandteil des Grundstücks wird, so erstreckt sich das Eigentum an dem Grundstück auf diese Sache.» Was ist aber nun ein «wesentlicher Bestandteil» eines Grundstückes? Ein dort geparktes Mofa sicher nicht, ein fest installierter Zaun aber schon. Ein Weinbergpfahl nicht, ein Flutlichtmasten schon. Über die Frage, ob Notrufsäulen Bestandteil des Grundstücks sind, gibt es keine uns bekannte Rechtsprechung. Deshalb fragen wir nach dem Sinn und

Zweck der Norm. Dazu hilft § 93 Bürgerliches Gesetzbuch: «Bestandteile einer Sache, die voneinander nicht getrennt werden können, ohne dass der eine oder der andere zerstört oder in seinem Wesen verändert wird (wesentliche Bestandteile), können nicht Gegenstand besonderer Rechte sein.» Zur Notrufsäule lässt sich sagen: Man könnte sie abmontieren ohne die Säule selbst oder das Grundstück zu zerstören. Auch eine Wesensveränderung des Grundstücks würde nicht daraus folgen. Insofern gehören die Säulen – unserer Ansicht nach – den Stiftungen.

47 Die Rechtsverhältnisse von Wohnungseigentümern sind im Gesetz über das Wohnungseigentum und das Dauerwohnrecht geregelt. § 1 Abs. 2 lautet: «Wohnungseigentum ist das Sondereigentum an einer Wohnung in Verbindung mit dem Miteigentumsanteil an dem gemeinschaftlichen Eigentum, zu dem es gehört.» Das Treppenhaus ist gemeinschaftliches Eigentum nach § 5 des Gesetzes, nämlich «die Teile, Anlagen und Einrichtungen des Gebäudes, die nicht im Sondereigentum oder im Eigentum eines Dritten stehen.»

48 § 10 Abs. 4 des Staatsvertrags zum Glücksspielwesen in Deutschland lautet: «Es ist sicherzustellen, dass ein erheblicher Teil der Einnahmen aus Glücksspielen zur Förderung öffentlicher oder gemeinnütziger, kirchlicher oder mildtätiger Zwecke verwendet wird.»

49 Der urheberrechtliche Schutz für Sprachwerke ergibt sich aus § 2 Abs. 1 Nr. 1 Urhebergesetz. Das Aktenzeichen des Beschlusses des Bundesverfassungsgerichts vom 17. 12. 1999 lautet 1 BvR 1611/99.

50 Das Gesetz über das Deutsche Rote Kreuz und andere freiwillige Hilfsgesellschaften im Sinne der Genfer Rotkreuz-Abkommen enthält in § 3 das exklusive Recht des Deutschen Roten Kreuzes, das Zeichen «Rotes Kreuz auf weißem Grund» und die Bezeichnungen «Rotes Kreuz» und «Genfer Kreuz» zu benutzen. Die Rechte anderer Organisationen der Internationalen Rotkreuz- und Rothalbmond-Bewegung bleiben unberührt.

51 Die Urheber sind nach § 2 Urhebergesetz geschützt. Die Miturheberschaft ist in § 8 Urhebergesetz geregelt. Die Rechte werden nach § 31 UrhG durch Abtretung an den Produzenten übertragen. Die Schauspieler sind möglicherweise über § 73 Urhebergesetz geschützt. Hierzu ist allerdings Voraussetzung, dass sie ein Werk darbieten, das seinerseits schutzfähig ist.

Aus dem Verlagsprogramm

Aus der Beck'schen Reihe

Wilfried Ahrens
Der Angeklagte trägt die Kisten des Verfahrens
Die neuesten juristischen Stilblüten
2010. 144 Seiten mit 10 Abbildungen. Paperback
Beck'sche Reihe Band 1883

Claus Murken
Der kleine Rechthaber
Wem gehört die Parklücke und andere
juristische Überraschungen
2008. 174 Seiten mit 14 Abbildungen. Paperback
Beck'sche Reihe Band 1840

Claus Murken
Der kleine Rechthaber. Folge 2
Haften Eltern für ihre Kinder? und andere
juristische Überraschungen
2009. 192 Seiten. Paperback
Beck'sche Reihe Band 1894

Christian Fahl
Jura für Nichtjuristen
Sieben unterhaltsame Lektionen
2010. 269 Seiten. Paperback
Beck'sche Reihe Band 1828

Dirk M. Sprünken, Hanns Peter Faber
Die schmutzigsten Scheidungstricks
und wie man sich dagegen wehrt
5. Auflage. 2009. 128 Seiten. Paperback
Beck'sche Reihe Band 1420

Verlag C.H.Beck

Aus der Beck'schen Reihe

Oliver G. Becker
Voodoo im Strafraum
Fußball und Magie in Afrika
2010. 198 Seiten mit 17 Abbildungen im Text. Paperback
Beck'sche Reihe Band 1673

Ernst Elitz
Ich bleib dann mal hier
Eine deutsche Heimatkunde
2009. 220 Seiten. Paperback
Beck'sche Reihe Band 1922

Hermann Ehmann
Mein Leben als Mutti
Wahre Geschichten eines Elternzeit-Papas
2009. 159 Seiten. Paperback
Beck'sche Reihe Band 1921

Wolfgang Krischke
Was heißt hier Deutsch?
Kleine Geschichte der deutschen Sprache
2010. 304 Seiten. Paperback
Beck'sche Reihe Band 1868

Susanna Partsch
Tatort Kunst
Über Fälschungen, Betrüger und Betrogene
2010. 208 Seiten mit 20 Abbildungen. Paperback
Beck'sche Reihe Band 1961

Verlag C.H.Beck

Die 101 wichtigsten Fragen

Asfa-Wossen Asserate
Die 101 wichtigsten Fragen und Antworten: Afrika
2010. 192 Seiten mit 10 Abbildungen und einer Karte.
Gebunden
Beck'sche Reihe Band 7023

Hans Ulrich Schmid
Die 101 wichtigsten Fragen: Die deutsche Sprache
2010. 160 Seiten mit 5 Abbildungen. Paperback
Beck'sche Reihe Band 7030

Gero von Wilpert
Die 101 wichtigsten Fragen: Goethe
2007. 166 Seiten mit 11 Abbildungen. Paperback
Beck'sche Reihe Band 1754

Annette Kreutziger-Herr / Winfried Bönig
Die 101 wichtigsten Fragen: Klassische Musik
In Verbindung mit Tilmann Claus und Gerald Hambitzer
2009. 160 Seiten. Mit 18 Abbildungen. Paperback
Beck'sche Reihe Band 7016

Susanna Partsch
Die 101 wichtigsten Fragen: Moderne Kunst
2., durchgesehene Auflage. 2006. 160 Seiten
mit 21 Abbildungen. Paperback
Beck'sche Reihe Band 1609

Verlag C.H.Beck